하루하루

교토

_명소를 제외한 일본어는 소리 나는 대로 표기하였습니다.
_책 제목의 '하루'는 일본어로 봄(春)을 의미하기도 합니다.

하루하루 교토

주아현 지음

골목을 산책하고 카페에 앉아 글을 쓰며 좋아하는 공간을 몇 번이나 찾았다.
특별한 일 없이도 매일이 특별한, 사랑하는 나의 도시에서-

상상출판

지금,

그곳에 살아보기 위해

비행기에 오른다

Photo Album

나의 발자국 소리만 울리는 교토의 골목골목을 사랑한다.

주방에서 분주하게 움직이는 소리, 달그락거리는 그릇 소리, 잔잔한 배경 음악,

손님들의 백색 소음, 모든 소리가 조화롭게 어우러지는 교토의 카페를 사랑한다.

바람에 흔들리는 나뭇잎 소리가 들려오는 강가를 사랑한다.

동네를 걷다가 잠시 앉아서 쉬고 있으면

아이들의 웃음소리가 울려 퍼지는 작은 놀이터를 사랑한다.

늦잠을 자고 일어나 숙소에서 아침을 해먹고 나오는 것만으로,

이곳에 사는 사람이 된 기분을 느끼곤 했다.

잔잔하고 소박하며 평온한 나날들.

이곳을 그리워할 이유는 이렇게나 사소했다.

천천히,

그리고 느긋하게

따뜻하고 사랑스러운 교토의 구석구석을 만나다.

Prologue

지도를 보지 않아도 숙소가 있는 동네의 길을 빠삭하게 꿰고 있다는 것,

숙소로 향하는 버스 번호가 익숙해진다는 것,

저녁거리를 고르는 아주머니들과 동네 마트에서 함께 장을 본다는 것,

좋아하는 카페에 몇 번이고 들러서 시간을 보낼 수 있다는 것,

골목길 서점에 눌러앉아 보고 싶은 책들을 잔뜩 볼 수 있다는 것,

이게 바로 살아보는 여행의 매력이지 않을까.

내 글에는 뛰어난 문장력, 화려한 미사여구, 대담한 청춘의 이야기 같은 요소들이 담겨 있지 않다. 아주 평범한 누군가가 한 달간 교토에 살아보기 여행을 하며 쓴 일기에 가깝다. 교토를 여행하며 느꼈던 나의 감정과 하루 이야기 그리고 때때로 내가 갔던 좋아하는 카페들을 담고 있을 뿐이다. 그래서 하루 만에 교토를 알차게 돌아보고 싶은 사람보다는 교토를 천천히 둘러보고 느껴보고 싶은 사람과 잘

맞을 것이고, 이곳저곳을 열심히 돌아다니며 관광하는 여행자보다는 카페에 앉아 느긋하게 커피를 마시고 책을 읽는 일상적인 여행을 하는 사람과 코드가 잘 맞을 것이다. 그래서 이 책이 '한 달간 교토에 살아보기'라는 타이틀을 걸고 있는 것에 비하면, 생각보다 무미건조한 내용이라고 느낄 수도 있다.

하지만 내가 어릴 적에 『두나's 도쿄놀이』나 『다카페 일기』같은 포토에세이를 읽고 일본이나 도쿄에 대한 작은 동경이 생긴 것처럼, 이 책이 누군가에게 있어서는 교토에 대한 작은 동경으로 남았으면 한다. 나의 이야기를 통해 여느 멋진 여행에세이들처럼 삶의 깨달음이나 대단한 감정을 느낄 수는 없어도, 살면서 한 번쯤은 가볼 만한 도시인 교토와 나라에 대해 따뜻하고 사랑스러운 인상을 가졌으면 좋겠다. 교토에 대한 모든 것을 담지는 못했지만, 적어도 당신에게 좋은 기억만을 선물해줄 교토와 나라의 구석구석을 담았다.

Contents

　　　　　　포토앨범 _006
　　　　　　프롤로그 _014

4월 1일　　여행의 시작 _026

4월 2일　　여행의 설렘 _036
　　　　　　Cafe 코토바노하오토 _039

4월 3일　　고즈넉한 도시, 아라시야마 _044
　　　　　　Cafe 퍼센트 아라비카 _049

4월 4일　　느린 여행 _052
　　　　　　Cafe 타스키 _055

4월 5일　　우연한 행복 _058
　　　　　　Cafe 애스크 미! _062

4월 6일　　가모가와 _066
　　　　　　Cafe 와이프 앤 허즈번드 _071

4월 7일　　교토의 색 _074
　　　　　　Cafe 카페 오르간 _078
　　　　　　Cafe 트래블링 커피 _080

4월 8일	비 오는 날의 츠타야 _082	
	Cafe 스타벅스 _084	
4월 9일	벚꽃의 기적 _088	
	Cafe 라인벡 _094	
4월 10일	골목을 돌아 _096	
	Cafe 브랑슈 _100	
4월 11일	교토의 계절 _104	
	Cafe 토리노키코히 _107	
4월 12일	녹차 마을 우지 _110	
	Cafe 라쿠 카페 _111	
4월 13일	위시리스트 _120	
	Cafe 카테 _124	
4월 14일	해피 해피 이치조지 _128	
	Cafe 앤 셜리 _135	
	Cafe 아카츠키 커피 _136	
	Shop 케이분샤 & 아브릴 _140	

4월 15일　동네 마트에서 장 보기 _144
　　　　　Cafe 키토네 _146

4월 16일　리틀 포레스트 _152

4월 17일　그리움의 이유 _164
　　　　　Cafe 가모가와 카페 _166

4월 18일　제각각의 교토 _172
　　　　　Cafe 우메조노사보 _178

4월 19일　교토의 작은 카메라 상점 _180
　　　　　Food 아오오니기리 _184

4월 20일　귀를 기울이면 _188
　　　　　Cafe 노트 카페 _190

4월 21일　좋은 공간의 힘 _192
　　　　　Cafe 송버드 커피 _196

4월 22일　즉흥 전철 여행 _198
　　　　　Cafe 츠바메 _202

4월 23일　아메리카노 _206
　　　　　Cafe 스위스 커피 앤 플랜트 _208

4월 24일   시간을 달리는 소녀 _212
         Cafe 메멘토 모리 _214

4월 25일   안녕, 교토! 안녕, 나라! _218
         Shop 스파크 _223

4월 26일   아이오쿠리 _226
         Cafe 호세키바코 _228

4월 27일   영화와 닮은 공간 _230
         Cafe 미나모 _232
         Cafe 요시노야 _236

4월 28일   일일 오사카 여행 _240
         Cafe 까눌레 드 자퐁 _243

4월 29일   사루사와 연못가에서 _246
         Cafe 니코스타일 _249

4월 30일   한 달쯤 살아보는 여행, 그 끝 _256

         뮤직리스트 _266

4월 1일

여행의 시작

첫 오사카 여행 때 마주한 녹음이 무성했던 여름날의 교토.

그날 이후 그곳과 사랑에 빠졌고 지금, 그곳에 살아보기 위해 비행기에 오른다.

내가 일본을 좋아하게 된 건 언제부터였을까. 아, 아마 그때 같다. 중학교 2학년 기말고사 기간이었다. 책상에 앉아 새벽까지 공부를 하다가 잠시 잠을 깨려고 즐겨 보던 블로그에 들어갔다. 유명한 블로거는 아니었고, 그냥 소소한 일상을 기록하는 블로거였다. 그날 들어간 블로그에는 그가 최근에 다녀온 도쿄 여행기가 있었다. 온통 일본어가 쓰인 거리들, 문어가 큼지막하게 들어간 타코야키와 이치고이치에라 부르는 연유를 뿌린 딸기 간식, 특이하게 옷을 입은 사람들, 화려한 디저트로 가득 채워진 베이커리

숍들의 쇼케이스⋯ 어린 내게는 사진만 봐도 마냥 신기한, 지구의 또 다른 세계였다. 그때 처음으로 도쿄라는 곳에 흥미가 생겼고, 일본 여행을 자주 가는 블로거들을 찾아보기 시작했다. 중학교 때의 나는 특별한 꿈도, 잘하는 일도, 뛰어난 성적을 가진 것도 아닌 지극히 평범하고 무난한 아이였지만 그날 이후로 생긴 유일한 꿈이 있다면 여행을 하는 것이었다. 좋은 고등학교에 가거나, 좋은 대학교에 진학하거나, 동경하는 연예인을 만나는 것과 같은 또래 친구들이 가진 꿈에 비하면 조금 특이한 꿈이었다. 그 후로 일본에 꼭 한번 가고 싶어져서 일본 여행에 관한 글이나 책을 찾아보기 시작했다. 그중 우연히 알게 된 『다카페 일기』라는 사진집을 가장 좋아했다. 한창 사진에도 관심이 생긴 때여서 그런지 잔잔하고 따뜻한 색감이 담긴 모리 유지 씨와 그의 가족들의 일상 이야기가 좋았다. 사실 『다카페 일기』에

는 '일본스러운' 풍경이나 모습이 담겨 있지는 않다. 국적만 다를 뿐인, 그저 평범한 한 가족의 사진집이다. 그런데 왠지 모르게 그 사진집을 보고 나서 일본이라는 곳에 대한 궁금증이 커졌다.

사진집만 보다 보니 정말 그곳이 가고 싶어서, 언젠가부터 매일 학교 도서관을 들락날락하며 일본 관련 여행책은 다 빌려서 읽었다. 또 <카모메 식당> <안경> 등 '잔잔한 일본영화'라는 키워드를 검색했을 때 뜨는 영화 중 보지 않은 영화가 없을 정도였다. 조그만 흥미가 꼬리에 꼬리를 물어 블로그부터 시작해 책, 만화, 영화까지 모든 걸 찾아보게 만든 것이다.

짱구가 살던 이층집과 깨끗한 골목골목의 거리, 겨울에는 가족들이 둘러앉아 귤을 까먹던 따뜻한 코타츠, <카드캡터 체리> 속에서 요정이 좋아하던 캐러멜 시럽이 뿌려진 말랑말랑한 푸딩, <아따맘마>에 나오던 낫토나 오니기리 같은 음식들, 만화 속 캐릭터들이 입고 다니던 리본 달린 예쁜 교복들, 유카타를 입고 즐기는 일본의 마츠리(축제). 일본에 가보고 싶다는 단순한 소망을 넘어서, 내가 어렸을 적부터 봐온 것들을 직접 보고 먹어보고 싶다는 생각에 일본 여행에 대한 로망이 커지기 시작했다.

그렇게 2015년 어느 여름날, 첫 오사카 여행을 다녀왔다. 이후로 거의 중독이다시피 계절마다 일본을 찾았고, 3년 동안 열 번의 일본 여행을 다녀오게 되었다. 어디를 가든 매번 좋았지만, 오래도록 머물며 살아보고 싶다는 생각을 들게 한 건 교토가 유일했다. '가장 일본스럽다'는 느낌을 강하게 준 도시여서였을까. 교토에서의 '한 달 살이'를 결심한 이후 1년의 시간 동안 저축을 하고 계획을 세웠다. 사실 계획을 세우면서도 내가 정말 갈 수 있을지 반신반의했지만 어느덧 시간이 흘러 지금 이곳에 서 있게 된 것이다. 한 달간의 짐을 꽉 채우고 있는 무거운 캐리어와 함께 걱정 반 기대 반으로 무거워진 나의 마음까지. 몸도 마음도 무거웠지만 오늘은 나의 오랜 꿈이 실현되는 아주 기쁜 날이었다.

4월 2일 | 여행의 설렘

어젯밤에는 낯선 게스트하우스에 적응이 되지 않아 쉽사리 잠들지 못해 걱정이었는데 아침에 눈을 뜨니 머리 위 창밖으로 푸르른 하늘이 나를 반겨주고, 몽롱했던 정신이 반짝 들었다. 여행에서 숙소를 무척 중요하게 여기는 편이라 편안함을 우선으로 선택하지만 한 달간의 숙박비는 게스트하우스가 아닌 이상 감당할 수 없을 정도로 컸다. 게다가 벚꽃 시즌인 4월의 교토는 숙소 구하기가 하늘의 별 따기여서 게스트하우스를 예약하는 것조차 어려웠고, 몇 주간 매일 숙박 사이트를 뒤져보다가 겨우 예약할 수 있었다. 예약을 한 이후에는 '누가 내 방에 몰래 들어오면 어떡하지?' 또는 '샤워해야 하는데 사람들이 길게 줄을 서 있으면 어떡하지?' '남자랑 화장실을 같이 써야 하면 어떡하지?' 등의 사사로운 걱정도 뒤따랐다. 하지만 게스트하우스는 생각보다 불편하지 않았고 저렴한 값에 비해 꽤 만족스러웠다. 늘 1층에 대기하고 있는 스태프들도 친절했으며, 건물에서 마주칠 때마다 친절하게 웃어주는 낯선 여행자들도 다정했다.

가장 걱정했던 숙소가 만족스러우니 그래도 여행의 스타트가 괜찮은 편이었다. 그리고 오늘은 여행에서 의욕이 가장 앞서는 둘째 날이기 때문에 게스트하우스에서 자전거를 대여해 이른 아침부터 길을 나섰다. 오늘 내가 내딛는 첫걸음은 앞으로 한 달간 이어질 여행의 시작이고, 그 생각만으로도 가슴이 무척 두근거렸다. 이 두근거림은 처음으로 교토에 왔을 때 느꼈던 감정과 닮았는데 다시금 교토에서 느끼는 이 감정이 너무나도 소중했다.

지도에 목적지를 찍고 자전거 페달을 밟았다. 얼마 가지 않는데 숙소 바로 근처에 좋은 카페가 있음을 발견했고, 바로 노트를 꺼내 이름을 적어두었다. 그리고 다시 자전거 페달을 열심히 밟아 코토바노하오토 카페로 향했다. 가는 길 내내 골목 사이사이에는 예쁜 카페들이 참 많았고, 지나다 발견한 맘에 드는 카페는 그 자리에서 바로바로 위치를 기록해두었다. 오래 머물 수 있는 여행은 이런 소소한 행복을 허락하기에 더 매력적인 게 아닐까.

코토바노하오토

길고 긴 웨이팅을 끝내고 겨우 들어오게 된 코토바노하오토. 고양이 파르페로 유명한 이곳은 역시나 고양이 소품과 책들이 곳곳에 아주 가득했다. 앤티크 가구와 소품들, 오래된 서적들, 작은 주방, 가정집을 개조한 인테리어, 이 모든 것들이 내 마음을 편안하게 만들어 주었다. 주방에서 요리를 하는 아내분과 친절하게 손님을 맞이해주시는 남편분.

나는 오늘의 정식을 주문하고 글을 쓰며 조용히 기다렸다. 같이 웨이팅하던 커플은 카페에 비치되어 있던 보드게임을 했고, 옆 테이블의 누군가는 책을 읽고 있었으며, 누군가는 작은 목소리로 대화를 나눴다. 지금 이 공간 속 모든 이들은 서로를 아주 잘 배려하면서도 각자의 방식대로 이 시간을 차분히 보내고 있었다. 카페에서 이야기하는 것이 나쁜 것은 아니지만 대화의 목소리를 조금 줄이고 서로에게 피해를 주지 않는다면 이처럼 좋은 백색소음이 될 수 있는 것 같다.

이곳의 말소리, 책 넘기는 소리, 그릇 소리, 수도꼭지에서 쪼르르 흐르는 물소리, 드르륵 문을 여닫는 소리가 모두 하나의 음악인 듯, 그 어우러짐이 듣기 좋기만 하다. 이 공간 속에는 우리 모두가 말하지 않아도 느껴지는 조용한 행복의 기운이 흐르고 있었다.

코토바노하오토(ことばのはおと, Kotobanohaoto)
주소_12-1 Tenjin Kitamachi, Kamigyo Ward, Kyoto 휴무_월요일, 화요일

4월 3일

고즈넉한 도시, 아라시야마

아라시야마를 가기 위해 시조오미야역으로 향했다. 교토에서 아라시야마를 갈 수 있는 방법은 여러 가지가 있지만, 이번에는 지난번과 다른 수단을 이용해보기로 했다. 낡고 허름한 이 역에는 보라색의 앙증맞은 란덴전차가 다닌다. 마치 장난감 기차 같은 이 보라색 전차는 나를 태우고 아라시야마로 향했다. 작은 란덴전차를 타니 도쿄 산겐자야의 노면전차가 떠올랐다. 동네 사이사이를 누비는 이런 작은 전차들은 현지인의 삶을 가까이서 느껴볼 수 있는 가장 아날로그한 수단이다. 이제는 일본의 도시마다 작은 전차들이 하나둘씩밖에 남아 있지 않지만, 그래서인지 더욱 매력적으로 다가온다. 하루쯤은 이 전차를 타고 역의 시작부터 끝까지 오가며 여행을 해보고 싶다는 생각도 들었다.

창문으로 햇살이 가득 들어오고, 마을과 산을 지나 아라시야마로 향하는 그 순간은 마치 영화에 나올 법한 따스한 순간들의 연속이었다. 사실 란덴전차는 벚꽃길을 달리는 전차로 유명하지만, 아쉽게도 올해 교토는 벚꽃이 늦게 펴서 벚꽃길을 볼 수 없었다. 그래도 같은 곳을 또 가지만 가는 방법과 수단이 바뀌니 처음 가보는 곳처럼 새롭고 설렜다. 그렇게 달리고 달려서 도착한 아라시야마역에는 분홍빛 분위기로 한껏 꾸며져 있었고, 너도 나도 손에 아이스크림이나 당고 등의 간식거리를 쥐고 있었다. 설레고 행복한 표정의 관광객들이 가득했고, 나도 그들을 따라서 아이스크림 하나

를 손에 쥐었다. 이런 날씨에 아라시야마라니, 행복하지 않을 수가 없겠지.

아라시야마에는 벚꽃을 보러 온 관광객들로 가득했다. 다들 만개한 벚꽃을 기대하고 이곳에 왔을 텐데, 만개 시기가 생각보다 늦어져 아라시야마에서도 만개한 벚꽃을 보기가 어려웠다. 그래서 벚꽃이 활짝 핀 나무 한두 그루에는 너도 나도 사진을 찍기 위해 줄을 서 있었다. 나도 그냥 가기엔 아쉬우니 그 대열에 합류해 사진을 남겼다. 그러고는 자전거를 대여해서 북적대는 주요 관광지를 벗어났다. 골목골목으로 들어온 순간 마치 다른 동네인 듯 조용했다. 그제야 숨통이 트이는 것 같았다. 처음 이곳에 왔을 때 나에게 아라시야마는 그저 '관광을 위한' '관광객들로만 가득한' 동네였다. 북적대는 관광객과 함께, 길게 늘어선 상점들의 주인조차도 이곳 주민인지 외부 사람인지 모를 정도였다. 하지만 이곳 역시 평범한 사람들이 살고 있는 여느 동네와 다를 게 없었다.

아라시야마를 제대로 느껴보고 싶다면 사람이 많지 않은 오전 일찍이 와서 상점가를 구경하고 오픈 시간에 맞춰 점심을 먹은 뒤, 자전거를 대여해서 조용한 골목골목을 누벼보거나 대나무 숲 지쿠린에 가서 잠시 깨끗한 공기를 마셔보길 권한다. 아라시야마는 그저 상점가만 둘러보고 가기엔 곳곳이 참 아름답고 깨끗하기 때문에.

퍼센트 아라비카

아라시야마에 온 사람들이라면 필수 코스인 퍼센트 아라비카. 이곳의 상징인 % 로고 때문에 퍼센트 커피, 응 커피로 더 유명하다. 고즈넉한 가쓰라가와 앞에 자리하고 있는 이 카페는, 아라시야마의 보편적인 분위기와는 다르게 젊은이들이 좋아할 만한 세련되고 트렌디한 인테리어로 눈길을 사로잡는다. 사방이 시원하게 트인 외관, 퍼센트 커피만의 세련된 커피 머신들, 스타일이 좋은 젊은 바리스타들, % 기호가 그려진 종이컵까지. 게다가 맛있는 라테도 소문이 나 종일 관광객들의 발걸음이 끊이질 않는다. 그리고 이곳 바리스타 중에는 사랑스러운 나의 친구가 있다. 사실 그녀와 친구가 된 지는 한 달밖에 되지 않았지만 말이다.

노조미라는 이름을 가진 그녀는 사랑스러운 외모와 수준 높은 라테 아트 실력 때문에 퍼센트 아라비카에서 인기가 많다고 한다. 지난달에 남자친구와 이곳을 방문했을 때, 운 좋게도 그녀의 근무 시간과 겹쳐 사진으로만 보던 그녀를 직접 만날 수 있었다. 키친 쪽이 줄을 서 있는 곳과 마주하고 있어서 줄을 선 채로 바리스타들이 커피 만드는 모습을 바라볼 수 있는데, 바로 앞에서 커피를 만들던 그녀가 정말로 사랑스러워서 나도 모르게 계속 흘끔흘끔 보게 되었다. 게다가 라테 아트를 할 때만큼은 아주 진지했고, 아트 실력도 수준급이었다. 그렇게 감탄하면서 쳐다보니 그녀도 의

식했는지 자꾸만 우리를 보았다. 줄을 서 있는 동안 서로를 몰래몰래 한 번씩 힐끔거리다가, 결국 어색하게 눈이 마주쳤다. 나는 멋쩍은 웃음으로 손을 흔들며 바보같이 "하이."라고 말했다. 그랬더니 그녀는 아주 밝은 미소와 함께 손을 흔들어주었다. 그녀의 친절하고 따뜻한 웃음과 맛있는 커피 덕분에 우리는 퍼센트 아라비카가 참으로 맘에 들었다. 그리고 그날 SNS에 올린 커피 사진 때문에 그녀와 다시 SNS에서 만날 수 있었고, 그 후로도 종종 연락하고 지내는 사이가 되었다. 참 단순하고 웃긴 인연이지만, 왠지 우리는 서로에게 첫인상이 꽤나 좋았던 게 아닐까 싶다. 이후 다시 교토에 오게 되어, 이번 여행에선 그녀와 만나기로 했다. 그런데 퍼센트 아라비카는 아라시야마뿐만 아니라 교토 히가시야마에도 지점이 있는데, 4월에는 그녀가 히가시야마 지점에 있다고 했다. 아라시야마 지점에서 그녀를 만날 수는 없었지만, 교토에 친구가 있다는 사실만으로도 행복했다.

퍼센트 아라비카(% Arabica)

주소_3-47 Sagatenryuji Susukinobabacho, Kyoto 휴무_없음

* 아라시야마 지점은 항상 사람이 많기 때문에 일정과 시간상 여의치 않다면 기요미즈데라 부근에 있는 히가시야마 지점에 가도 좋다.

4월 4일 | 느린 여행

    여행 와서 게으름을 피워도 된다는 것은 얼마나 즐겁고도 기분 좋은 일인가. 대부분 3박 4일, 4박 5일 일정으로 찾았기에 매일매일 일찍 일어나고 부지런을 떨어야 했다. 여행을 가면 친구들 사이에서도 유난스럽게 일찍 일어나 준비하기로 유명한 나다. 하지만 살아보는 여행은 그런 나에게 게을러도 된다며 여유를 허락해주었다. 알람 없이 푹 자고 일어나 바로 화장실로 달려가기보다는 창문 여는 일을 먼저 한다. 그러곤 오늘도 맑고 푸른 하늘을 보며 감탄하다가 잠시 동안 그 기분을 만끽하며 즐긴다. 어울리는 노래 몇 곡을 듣다가 곧 나갈 준비를 하고 하루를 시작했다. 느리게 걷고, 며칠 사이에 익숙해진 버스를 타고, 오늘은 무얼 먹을까 고민하다가 돈카츠로 결정하고는 알아두었던 돈카츠 맛집을 찾아갔다. 짱구 가족이 돈카츠 식당에 가서 양배추 샐러드가 가득 올라간 점보 돈카츠 정식을 먹었

던 장면이 왜 그리 기억에 남았는지. 그때 만화를 보면서 '일본 가면 꼭 돈카츠를 먹어야지' 하고 생각했던 것 같다. 그리고 만화 속 주인공이 된 듯 맛있게 돈카츠를 먹었다. 바삭한 돈카츠 한 덩어리를 입에 넣고 바삭바삭, 오물오물 먹는 순간, 정말로 행복했다! 옆자리에 앉은 남학생 두 명의 시선이 꽤나 부담스러웠지만 그 와중에도 꿋꿋하게 돈카츠를 해치웠고 잔뜩 부른 배와 함께 후식을 먹으러 자리를 옮겼다.

날씨가 유독 더운 오늘. 그래서 빙수를 먹기로 했다. 날이 더우니 가까운 거리도 괜히 버스가 타고 싶어졌다. 버스정류장을 찾아 걷다가, 정류장을 찾는 게 더 귀찮겠다 싶었다. 그냥 조금 더 걸어보자는 마음으로 버스를 포기하고 노래를 들으며 낯선 길로 걸었다. 그러다가 기야마치 거리

를 들어설 때 그림 같은 풍경이 눈앞에 펼쳐졌다. 푸른 하늘과 잘 어울리는 초록색 나뭇잎들, 그리고 분홍색 벚꽃, 보석을 물에 풀어 놓은 듯 반짝거리며 흐르는 강물. 버스를 타고 이동했으면 보지 못했을 이 풍경들. 내가 있던 곳에서 버스정류장이 꽤 멀리 있었던 게 불행이 아니라 행운이었는지 덕분에 좋은 곳을 발견한 것이다. '멀지 않은 거리는 그냥 걸어보자'라고 생각한 10분 전의 나에게 잘했다고 칭찬해주고 싶었다. 우연히 발견한 행복. 아직 만개하지는 않았지만 덜 핀 몽우리만으로도 모두를 설레게 하는 벚꽃의 매력. 교토에 머무는 동안 가만히 앉아 사색하기 좋은 곳은 가모가와뿐이라고 생각했는데 기야마치 거리도 가만히 앉아 노래를 들으며 사색하기 딱 좋은 곳이다. 가던 길을 멈추고 사진을 찍는 사람들과 벚꽃을 보며 이야기 나누는 다정한 노부부, 그리고 행복함에 젖어 있는 나. 조금 전까지만 해도 덥다고 느껴졌던 쨍쨍한 해가 지금은 내 마음을 밝혀주는 듯했다. 이 공간, 이 시간 속에서 행복한 웃음소리만 들려오고 나 또한 그 행복함에 동화되는 순간이었다.

타스키

조그만 강가 그리고 큰 창문 옆에 푸르른 나무가 우뚝 자리하고 있는 카페 타스키. 전날부터 빙수를 먹어야겠다고 생각했는데 감사하게도(?) 날씨가 따뜻하다 못해 더울 지경이라 빙수를 먹기에 딱이었다. 아쉽게도 이곳의 가장 유명한 메뉴인 사쿠라 빙수를 먹진 못했지만 강가를 바라보며 오렌지 시럽과 인절미 맛이 나는 독특하고 고소한 맛의 빙수를 먹으니 천국 같았다. 교토에 있는 가게들은 맛이나 인테리어 어느 한쪽에만 치우쳐 있는 단순한 가게가 아니라, 가게를 이루는 모든 요소들이 조화를 이루고 있다. 이 카페는 교토에 자리하고 있음을 카페 그 자체가 알려준다고 해야 할까. 교토에 있는 공간들은 참으로 교토와 잘 어울린다. 그 공간 속에서 느꼈던 감정을 오랜 시간이 지난 뒤에도 생생히 떠올릴 수 있을 만큼, 단순히 머문다거나 먹는다는 의미를 넘어서 소중한 기억을 선물해준다.

타스키는 고정 메뉴 외에도 시즌 메뉴라는 게 있는데 봄에만 만날 수 있는 사쿠라 빙수가 유명하다. 분홍빛 사쿠라 시럽이 올라간 빙수를 먹으며 봄날을 즐긴다는 것은 생각만 해도 로맨틱하다.

타스키(たすき, Tasuki)
주소_77-6 Sueyoshicho, Higashiyama-ku, Kyoto 휴무_없음

4월 5일

우연한 행복

오늘은 정말이지 럭키 데이라고 부르고 싶다. 아침에 길을 나서는데 신호등 옆 아주 좁은 골목에서 여자아이들 몇 명이 수다를 떨며 사진을 찍고 있는 모습을 발견했다. '뭐지?' 하는 생각에 가까이 가보니 내가 가고 싶었던 음식점이었다. 뜻밖의 발견에 너무 기뻐서 오늘 아침은 이곳에서 먹기로 하고 냅다 들어갔더니 웨이팅도 없는 데다 내가 좋아하는 창가 자리만 딱 비어 있다. 어제부터 카레가 먹고 싶었는데 이곳의 주메뉴가 카레라는 사실에 속으로 기쁨의 환호성을 질렀다. 주문한 치킨카레는 역시나 맛있었고, 곁들여 나온 양파김치와 치즈 맛이 진하게 나는 샐러드도 무척이나 맛있었다. 숙소 앞에서 우연히 발견해 더더욱 좋은 기억으로 남은 음식점. 날씨가 흐리다고 들었는데 맑기만 하고, 오늘은 왠지 행운이 가득할 거라는 예감이 들었다.

카레 가게에 이어서, 또 한 번 찾아온 우연. 숙소 근처를 산책하려고 천천히 거니는데 걷다 보니 익숙한 주황색 페인트 외관의 비스트로가 보였다. 이곳은 지난달에 교토 여행을 와서 묵었던 숙소의 근처여서 매일매일 지나다니던 길이었다. 저녁마다 편의점에서 간식을 잔뜩 사 들고 숙소로 들어가고, 아침에는 날씨에 감탄하면서 기분 좋게 길을 나서던, 그런 소중한 추억이 있는 길. 2015년 여름, 교토에 처음 왔을 때 언젠가 꼭 교토에 살아보겠다고 다짐했었는데, 살아보는 건 물론 교토 곳곳에 추억이 묻어 있다는 것이 참으로 신기한 지금이다. 그렇게 나는 지난번 묵었던 숙소 앞까지 산책하며 그날의 기억을 되새겨보았다.

그 후에도 우연한 행복은 계속되었다. 카페에서 나와 저녁거리를 사러 가던 찰나에 내가 좋아하는 로손 편의점을 발견했다. 게다가 로손에서 가장 좋아하는 모찌와플도 발견했다. 자주 판매하는 상품이 아니라 영 보기가 힘들었는데 모찌와플이 두 개나 남아 있던 것이다! 기분 좋게 저녁거리를 사서 집에 들어갈 때쯤, 종일 맑던 하늘에서 비가 오기 시작했다.

아주 사소한 것들이지만, 그 사소하고 우연한 것들이 모이고 모여 오늘 하루를 완벽하게 만들어 주었다.

애스크 미!

숙소 근처의 카페 'Ask me!'는 알아봐둔 곳도 아니고 순전히 우연히 발견한 곳이다. 게스트하우스에 머무는 동안 가봐야겠다고 생각했는데 이 날은 왠지 우연의 행복이 겹치는 날이니까 이곳을 찾기에 적당한 날이었다. 조심스레 문을 열고 들어가자 주인 할아버지께서 반겨주셨다. 서툰 일본어로 2층에 앉아도 되냐고 묻자 호탕하게 웃으시며 미안하다고, 아래층만 가능하다고 하신다. 호탕한 웃음에 금세 마음이 편안해져 자리를 잡고 앉아 커피를 주문했다. 핸드드립으로 내려주신 커피향이 가게 안에 퍼져가자, 오래된 골동품 같은 이 카페가 더욱 아늑해진다. 카페 안의 손님은 나뿐. 서비스로 주신 브라우니와 맛 좋은 따뜻한 커피를 마시니 더할 나위 없이 행복하다. 잔잔하게 흘러나오는 클래식 음악도 좋다.

카페 안을 둘러보는데 선반을 가득 채운 그릇들을 할아버지가 모아오신 거라고 생각하니 꽤 귀여운 취향을 가지고 계신 것 같아 웃음이 났다. 역사가 오래된 듯한 카페에 앉아 커피를 마시니 나도 꽤나 진중해진 것 같았다. 커피를 홀짝홀짝 마시고 있는데 할아버지께서 먼저 영어로 대화를 걸어오셨다. 어쩌면 나보다도 영어 실력이 좋으신 것 같았다. 할아버지께 내 책에 이 카페를 소개해도 되냐고 물으니 흔쾌히 응해주셨다. 카페 이름이 'Ask me!'인 이유는 자신에게 교토에 관한 것이면 어떤 것이든 물어봐도 좋다고 해서 지은 이름이라고 하셨다. '교토에 대해 많은 것을 알고 있으니 이런 카페 이름을 지을 수 있는 거겠지?'라는 생각이 들 때쯤, 한마디 덧붙이셨다. "그렇다고 모든 것을 알진 못해요! 하하." 그래도 'Ask me! Anything about Kyoto'라는 이름을 걸고 카페를 하시는 건 정말 멋진 일이다. 할아버지는 내가 쓰는 글에 대해서도 물으셨고, 나는 이 카페나 할아버지의 이야기를 물었다. 벽에는 100년도 훨씬 전에 만들어진 교토역의 사진들이 시간의 흐름에 따라 붙여져 있었다. 할아버지가 사진을 가리키며 이런저런 설명도 해주셔서, 사진들에 대한 궁금함이 속 시원하게 해결된 기분이었다.

여행하면서 일본어보다 영어로 더 많이 대화하는 기분이지만 이렇게 현지인과 소통하는 일은 여행의 묘미 중 하나인 것 같다. 지나가다가 우연히 발견한 카페가 이런 큰 행복을 주다니! 미리 알아보고 온 곳이 아니라 우연히 발견한 곳이어서 더욱 기억에 남는다. 돌아다니며 바삐 관광하는 게 아닌, 동네 카페에서 커피 마시고 주인 할아버지와 수다도 떨고 혼자 책을 펴고 일본어 공부도 하는 여행이라니 정말 꿈만 같았다. 그렇게 공부를 마치고 책을 덮을 때쯤, 옆 테이블에서 주문한 토마토 파스타의 파르메산 치즈향이 코끝을 자극했다. 입맛을 다시다가 오늘 저녁엔 편의점에 들러 나폴리탄 스파게티를 사 가야겠다고 생각했다.

애스크 미!(Ask me!)
주소_495 Daikucho, Shimogyo-ku, Kyoto 휴무_화요일

4월 6일

가모가와

오늘도 내 발길의 최종 목적지는 가모가와이다. 가모가와는 여행객들에게 더할 나위 없이 고마운 존재다. 교토에 처음 왔을 때부터 한눈에 반해버렸고, 다시 교토를 찾을 때마다 이곳에서의 추억도 하나둘 쌓여 가고 있다. 한 달간 교토에서 내 발길이 가장 많이 닿을 곳이지 않을까 싶을 정도로 매일매일 가모가와에 출석체크를 하고 있었다.

이곳에서 내가 가장 좋아하는 일은 가모가와를 바라보며 곤티티(Gontiti)의 음악이나 패니욜로(Paniyolo)의 노래를 듣는 것인데, 이곳을 위해 만든 노래인 듯 장소와 잘 어울린다. 선선한 바람이 부는 날 풀냄새를 맡으며 이 음악을 감상하고 있을 때면 아무것도 부러울 것이 없었다. 가끔은 강가 근처에 있는 벤치에 앉아 책을 읽기도 했다.

아, 가모가와는 교토에서 자전거 타기 가장 좋은 곳이기도 하다. 또한 자전거를 타며 사람 구경하는 재미도 참 쏠쏠하다. 나처럼 잔디밭에 풀썩 주저앉아 책을 읽는 사람들도 흔히 볼 수 있고, 어린 여학생과 남학생이 수줍게 대화하는 모습도 엿볼 수 있고, 아이들과 볕 좋은 날 광합성을 하러 나온 가족들도 볼 수 있으며, 걷다가 잠시 휴식을 취하고 있는 외국인들이나 신나게 떠들고 있는 교복 입은 여자아이들 무리도 쉽게 볼 수 있다. 이렇게 관광객과 현지인들이 남녀노소 모두 모여 이질감 없이 어우러져 있는 곳이다. 그래서 나는 가모가와에 있을 때 늘 삶의 생동감을 느끼곤 했다. 어느 누구에게나 열려 있는 고마운 가모가와.

고즈넉하고 아름다운 풍경을 감상하는 것도, 쭉 뻗은 길에서 시원한 바람을 맞으며 자전거를 타고 달리는 것도, 편의점에서 음료수나 맥주 하나를 사서 풀밭에 털썩 앉아 마시는 것도, 혹은 아무것도 먹지 않고 가만히 사색에 잠기는 것도, 꽤 실력 좋은 버스킹 음악을 들을 수 있는 것도, 시간의 제약 없이 내가 있고 싶을 때까지 진득하게 앉아 있다가 일어날 수 있다는 것도, 이 모든 것을 아무런 조건 없이 허락해주니 가모가와는 마음이 참 넓은 강이다. 나의 필름 속에 가장 많이 담겨 있을 가모가와의 모습. 계절과 시간에 따라 이곳의 온도와 색채가 달라지는 모습을 지켜볼 수 있음에 행복하다.

와이프 앤 허즈번드

처음 이곳에 왔을 때 이 작은 공간에서 뿜어져 나오는 강한 힘, 그리고 가모가와에서 커피 피크닉을 즐길 수 있는 콘셉트까지 참 대단하다고 느꼈다. 가모가와에서 나무와 풀, 물 흐르는 소리에 집중하며 피크닉을 즐기는 순간은 그야말로 천국이라고 표현하고 싶다.

이른 봄에 오고도 또 한 번 찾은 이곳. 그새 인기가 더 많아져서 웨이팅까지 해야 했다. 오늘 같은 날씨에는 그저 카페에 앉아 이 공간을 좀 더 느껴보고 싶었다. 카페 안에서 울리는 작은 소리에 집중해보고, 맛있는 커피향을 더 오래 맡으며 기억하고 싶었다. 남편분이 천천히 내려주시는 드립커피는 여전히 맛있었고 가게에 놓인 소품 하나하나도 볼 때마다 감탄스러웠다. 작고 사소한 소품들이지만, 그 모든 것이 그곳에 있는 이유가 있다고 느껴질 정도로 참 조화로웠다. 손때 묻은 앤티크 가구와 소품들이 가지고 있는 매력은 그 가치를 따질 수 없다. 무엇이든지 간에 어떤 생각과 마음을 가진 사람의 손을 거치느냐에 따라 그 가치도 달라지는 것 같다.

교토에 온다면 이곳을 두 번 이상은 꼭 방문해야 한다. 하루는 가게에 앉아 시간을 보내고, 또 하루는 가모가와에서 커피 피크닉을 해보는 것. 어느 하나 놓칠 수 없을 정도로 좋다. 좋다는 말을 수십 번씩 하게 되는 곳.

와이프 앤 허즈번드(Wife & Husband)

주소_106-6 Koyamashimouchikawaracho, Kita, Kyoto
휴무_부정기적, 스케줄 참조 www.wifeandhusband.jp

4월 7일

교토의 색

엎어지면 코 닿을 거리의 버스정류장을 찾느라 20분을 헤맸지만

허겁지겁 버스에 올라서 정신이 하나도 없었지만

안 그래도 반곱슬인 내 머리가 축축한 날씨로 인해 사자머리가

되어가고 있었지만

교토 중심가에서 조금 위쪽에 있는 이 동네가 맘에 들어서,

오늘은 이상하게도 흐린 날씨와는 관계없이 기분이 좋다.

교토는 참 신기하고도 끝없는 매력의 도시라는 생각이 들었다. 교토 안에 여러 개의 다른 세계가 있는 것 같다. 이 동네 저 동네 곳곳을 다니다 보면 교토의 색은 적당히 묻어 있지만, 동네마다 가진 느낌이 너무도 달라서 매번 새로운 시선으로 교토를 바라보게 된다.

가와라마치나 기온 같은 유명한 곳들은 북적대는 관광지나 번화가이고, 그와 반대로 어떤 동네는 아주 깊은 산골짜기에 들어온 것처럼 자연과 하나가 된 느낌을 준다. 또 어떤 동네는 그냥 사람 사는 냄새가 나는 정겨운 옛날 우리 동네 같은 느낌이 들고, 어떤 동네는 아기자기하고 사랑스러운 느낌, 어떤 동네는 한 20년은 거슬러 올라간 듯 예스러운 느낌이, 어떤 동네는 괜히 사색에 잠기고 싶어질 정도로 한적하다. 그렇지만 그 모든 곳들이 '교토스러운' 느낌은 꼭 가지고 있다. 가지고 있는 매력이 다름에도 불구하고, 이곳이 교토라는 생각은 변함이 없다. 흔히 인천을 서울 속의 차이나라고 비유하거나 지유가오카에 있는 라비타를 도쿄 속 베네치아라고 표현한다면, 교토의 모든 곳은 그저 교토 속의 교토라고 표현하고 싶다. 이것은 마치 초콜릿시트에 어떤 크림을 올리느냐와 같은 이치다. 초콜릿시트에 생크림을 올리든, 딸기크림을 올리든, 초콜릿크림을 올리든 겉으로 보기엔 다른 것 같아도 결론적으로는 초콜릿케이크라는 이름이 붙여지는 것처럼 말이다.

카페 오르간

　이 동네는 교토의 도심인 듯하면서도 사람 사는 냄새가 났고, 카페를 찾아가는 길에 있던 작은 오코노미야키 가게는 오래된 가게인 듯 정겨운 느낌이 들었다. 버스에서 내려 열심히 걸어서 도착한 카페 오르간은 이 동네와 잘 어울리는 가게라는 걸 한눈에 알 수 있었다. 무레 요코 작가의 책 『빵과 수프, 고양이와 함께 하기 좋은 날』의 분위기와 닮은 카페 인테리어, 책장을 꽉 메우고 있는 만화책과 요리책들, 새 튀김기름인 듯 깨끗하고 고소한 냄새, 이 모든 게 참 맘에 들고 좋았더랬다.

　이곳은 이치조지의 츠바메처럼 주민들이 자주 찾는 식당인지 손님들 모두 익숙한 듯 오늘의 정식을 주문하고 가만히 앉아 기다리며 책을 읽는다. 가게 안은 혼자 온 사람들뿐이었는데 나를 포함해 모두가 같은 방향을 보고 일자로 쪼르륵 앉아 있으니 그 모습이 꽤나 재밌기도 했다. 나는 주로 혼자 밥 먹을 때 주변의 시선이 불편해서 벽을 보고 앉는 편인데 일본에 와서는 혼자 앉아도 늘 홀을 바라보고 앉았다. 혼자 밥 먹고 차 마시는 일이 너무도 익숙하고 당연한 이곳 사람들의 문화가 어쩌면 그동안 혼자서 밥 먹는 걸 불편해했던 나의 습관을 바꿔준 것 같다.

카페 오르간(Cafe Organ)

주소_7-12 Chudoji Kushigecho, Shimogyo Ward, Kyoto
휴무_목요일

트래블링 커피

오래된 초등학교를 개조해서 만든 트래블링 커피. '교실 안에 어떻게 카페를 만들 생각을 했을까?'라는 의문을 절로 품게 만든다. 내부로 들어오면 정말 예전에 쓰던 오래된 나무 책상과 의자, 모든 게 그대로이기 때문이다. 독특한 이 공간은 젊은 바리스타분이 직접 드립커피를 내려주신다. 나는 시원한 아이스커피를 주문했고 잡지를 읽으며 커피를 기다렸다. 곧이어 나온 아이스커피의 비주얼은 보자마자 당황할 수밖에 없었다. 커피 안에 빙하를 깨부수어 넣은 듯 투박하면서 아주 커다란 통얼음이 있었기 때문이다. 처음 보는 커피 얼음 비주얼에 당황스러워서 웃음부터 나왔다. 한편으로는 제빙기를 사용하지 않는 아날로그한 방식이 좋기도 하고. 그런데 커피 맛이 놀라울 정도로 맛있었다. 300엔이라는 저렴한 가격에 이리도 맛있는 커피를 먹을 수 있다는 건 행운이라는 생각이 들 정도였다. 교토에서 마셨던 커피는 대부분 맛있었는데, 그중 가장 맛있는 커피를 손에 꼽으라면 이곳도 포함된다고 할 수 있겠다. 또 일본은 교토 같은 땅값 비싼 관광지도 커피 가격이 저렴해서 맛있는 커피를 부담 없이 즐길 수 있기 때문에 커피를 사랑하는 사람들에게는 더할 나위 없이 좋다.

트래블링 커피(Traveling Coffee)
주소_604-8023 Nakagyo Ward, Kyoto 휴무_없음

4월 8일 | 비 오는 날의 츠타야

오늘은 종일 비가 온다고 했다. 비도 오니 서점에 가서 시간을 보내야겠다고 생각해서 헤이안 신궁 앞에 있는 츠타야 서점으로 향했다. 츠타야 서점에는 항상 스타벅스가 따라다니기 때문에 커피를 마시면서 책을 읽을 수 있어 아주 마음에 드는 곳이다. 조용히 책을 읽으며 커피 마시기를 원했지만 모두들 비를 피하려고 스타벅스에 들어온 건지 계산대 줄이 길게 늘어서 있었다. 겨우 내 순서가 되어 말차파운드케이크와 드립커피 아이스 톨 사이즈를 시키고 계산을 하려는데 가격은 총 723엔. 일본만 오면 잔뜩 생기는 동전들을 지갑에 넣고 다니면 무겁고 거슬릴 때가 많다. 그렇게 많은 것 같아도 계산하려고 보면 꼭 하나씩 애매하게 안 맞아서 동전을 갖고 씨름을 하다가 그냥 지폐로 계산하기 일쑤. 그렇지만 오늘은 무슨 일인지 지갑에 동전이 딱 723엔 있는 것이다! 기분 좋게 동전들을 한 번에 해치우고 나니 가려운 곳을 긁은 듯 시원했다. 그렇게 기분 좋은 발걸음으로 자리를 찾아 앉았다.

다들 책을 읽거나 노트북을 보며 일에 빠져 있거나 진지한 표정으로 공부를 하고 있었다. 그중 가장 진지해 보이는 사람들이 자리를 채우고 있는 조용한 테이블에 앉았다. 내 앞에 있는 여자는 어떤 소음에도 굴하지 않고 세상 누구보다 강한 집중력으로 필기를 하고 있었다. 한동안 그녀의 모습을 보고 있자니, 나는 무언가에 저렇게나 집중해본 지 얼마나 됐을까 생각도 들었다. 오늘은 나도 진득하게 눌러앉아 글을 쓰고 해야 할 일에 집중해보기로 했다.

비 오는 날씨 때문에 종일 서점에 앉아 시간을 보냈다. 날이 어둑해져서 저녁을 먹으러 가려고 버스정류장으로 향했다. 분명 20분이면 온다고 했는데 30분, 그리고 40분, 1시간이 지나도 버스가 오지 않았다. 내 옆에 앉아 내내 이야기를 나누시던 할머님 두 분도 이제는 지쳤는지 왜 버스가 오지 않느냐 말하신다. 줄곧 함께 기다려온 서양인 커플도 의아하게 버스 시간표를 확인하고, 우리 모두 또 확인한다. 우리는 멀리서 버스가 올 때마다 '이 버스일까?' 하는 기대감으로 다 같이 눈을 반짝였다가, 결국 또 아니면 실망한 표정으로 어깨를 축 늘어뜨렸다. 그렇게 1시간 반이 지났을까, 차가운 빗방울에 몸이 으슬으슬할 때쯤 저 멀리서 버스가 왔다. 우리는 마치 경사라도 난 듯, 다 함께 마주 보며 박수를 치고 기뻐했다. 오지 않는 버스를 기다리며 할머님들과 서양인 커플이 친구라도 된 기분이었다. 늦게 온 버스 때문에 기분이 처져 있었지만, 버스 하나로 모두 함께 행복해했던 그 짧은 순간은 또 하나의 소중한 추억이 되었다.

스타벅스

기껏 소개한다는 곳이 흔하디흔한 스타벅스라니, 꽤 당혹스러운 사

람도 있을 터. 그렇지만 이곳의 스타벅스는 여느 곳과 다르다. 헤이안 신궁 앞에 자리하고 있는 스타벅스는 일본에서 가장 큰 서점인 츠타야와 함께 있는 매장이다. 커피 냄새를 맡으며 책을 읽고, 공부를 하고, 일을 하기도 하는 곳. 한 달간 교토에서 지내며 하루쯤은 서점에 푹 눌러앉아 글을 쓰거나 책을 읽고 싶었다. 시간이 금인 여행객이 타지에서의 하루를 서점에 몽땅 써버린다는 것은 너무도 무모한 계획일 수 있기에 흔히 해볼 수 있는 경험이 아니라고 생각했다. 때문에 이번 '살아보는' 여행에서 꼭 해보고 싶은 일이기도 했다. 만약 시간적 여유가 있다면 사람이 많지 않은 오전 시간대에 헤이안 신궁과 그 근처 길을 따라 걷다가 이곳에 앉아 커피를 마시며 책 읽는 시간을 가져보길 권한다. 아, 메뉴는 일본 스타벅스에만 파는 말차파운드케이크와 드립커피를 추천한다. 말차파운드케이크는 일본의 스타벅스에서 대부분 판매하는 메뉴인데 아주 부드럽고 달콤해서 내가 가장 좋아하는 디저트이기도 하다.

스타벅스(Starbucks)
주소_13 Okazaki Saishojicho, Sakyo-ku, Kyoto 휴무_없음

4월 9일

벚꽃의 기적

오늘도 교토는 흐렸다. 그래도 비가 오지 않으니 그걸로 됐다. 버스를 타고 하푸(Hafuu)로 비프카츠를 먹으러 가는 길. 걷다 보니 첫 교토 여행 때 자전거를 타고 왔던 동네였다. 가방을 앞뒤로 흔들며 룰루랄라 신나게 걸었다. 길이 조용해서 웨이팅도 없겠지 싶었는데 가게 앞에 도착하니 웬걸, 웨이팅이 잔뜩이다. 명단에 이름을 적어두고 사진을 찍으러 나왔다.

가게에서 나와 아주 조금 걸었을 뿐인데 생각지도 못한 곳에서 어마어마하게 예쁜 벚꽃명소를 발견했다. 고쇼미나미 초등학교 뒷골목에 짧지만 아주 강렬한 벚꽃길이 펼쳐져 있었다. 잔잔하게 흩날리는 벚꽃잎들을 보면서 눈물이 날 뻔했다. 내가 교토에 와서 본 벚꽃 중 가장 아름다웠다.

눈처럼 흩날리는 분홍 벚꽃들을 멍하니 바라보았다. 바람에 떨어지는 꽃잎들의 색이 참 곱다. 혼자서 이 장면을 보고 있음에도 로맨틱하다는 기분이 들었다. 이 분위기에 더 흠뻑 취하고 싶었다. 이 순간을 그냥 흘려보내기엔 아깝다는 생각이 들어 뭐라도 해야겠다 싶었다. 쉴 틈 없이 카메라 셔터를 눌러대다가 벚꽃나무 아래에 앉아 며칠 전에 산 벚꽃엽서를 꺼내 지금 생각나는 소중한 사람에게 편지를 썼다. 마쓰이 유키의 '벚꽃의 기적(サクラノキセキ)'을 들으며 순간의 감정들을 노트에 적기도 했다. 그러다 글을 쓰고 있는 내 손 위에 살포시 떨어진 벚꽃잎 하나. 가만히 꽃잎을 바라보다가 말을 건넸다.

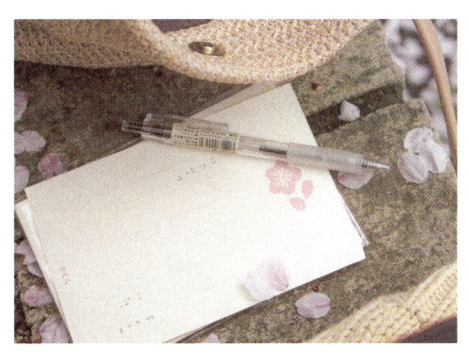

'너도 혼자니? 나도 혼자야. 그렇지만 외롭지는 않아.
아름다운 순간순간들이 내 눈앞에 계속되고 있거든.'

떨어지는 벚꽃잎을 보며 함께 감탄할 동행자는 없지만, 이렇게 아름다운 순간들로 인해 나의 외로운 교토 여행은 일주일이 지나서도 매일 잔잔한 행복으로 가득 차 있었다. 그래서 난, 외로워도 외롭지 않다.

이날 이후로도 나는 벚꽃이 다 떨어져서 없어질 때까지 몇 번이나 자전거를 타고 이 길을 달리곤 했다.

라인벡

'교토 팬케이크'라고 검색을 하면 가장 먼저 이 카페가 나올 것이다. 그만큼 교토에서 팬케이크로 유명하다. 역사가 오래된 만큼 현지인이나 관광객 모두가 찾아와 가게는 매일 꽉꽉 차 있다. 오래된 일본 가정집을 개조해서 만든 인테리어 때문에 처음에는 가게와 메뉴가 어울리지 않는다는 생각이 들 수도 있다. 하지만 팬케이크를 먹다 보면 어쩐지 친구네서 먹는 어머니표 팬케이크라는 생각이 들면서 분위기와 자연스레 녹아든다. 이곳에선 메이플 시럽이 팬케이크 맛을 결정짓는 가장 중요한 요소라고 말하며, 매일 직접 시럽을 만든다고 한다. 달짝지근한 홈메이드 시럽을 폭신한 팬케이크에 촉촉하게 적셔 먹으면 입안 가득 부드럽고 달콤한 향이 퍼진다. 간식으로도 좋고, 식사대용으로도 좋다. 아침 일찍부터 문을 연다고 하니까 하루쯤은 이곳에서 팬케이크 조식으로 아침을 시작해도 좋겠다.

라인벡(Rhinebeck)
주소_692 Ishiyakushicho, Kamigyo Ward, Kyoto 휴무_화요일

4월 10일 | 골목을 돌아

    오늘은 과감하게, 무리일까 싶은 거리에 자전거를 타고 가보기로 했다. 처음엔 좋았지만 달리다 보니 거리가 꽤 멀어 후회가 들기 시작했다. 하지만 집으로 돌아가는 것도 무리고, 자전거를 세운 채 버스를 탈 수도 없었다. 골목 안으로 들어가다가 막다른 길을 만나 더 빙빙 돌아가기도 했다. 그리고 목적지인 브랑슈에 다다를 때쯤 '지도가 잘못된 것 같은데…' 싶을 정도로 한적한 골목을 마주했다. 조마조마한 마음으로 가게 앞에 오니 Open이라는 글자가 나를 반겼다. Open이 이리도 반가운 건 처음이었다.

    자전거를 세워두고 가게 안으로 들어갔다. 손님은 두 명뿐이고 가게 안은 발소리를 내는 것조차 미안할 정도로 조용했다. 그저 이곳과 어울리는 카페 음악만이 이 공간에 울려 퍼졌다. 여느 때처럼 오늘의 정식을 주문하고, 따뜻한 직원분의 미소에 기분이 절로 좋아졌다. 그리고 음식이 나오는 동안 가게 곳곳을 둘러보는데 마음이 벅차고 두근두근했다. 왜, 사람마다 그런 촉이 올 때가 있지 않나. 그냥 첫인상부터 너무 좋아서 '여기다!' 싶은 느낌이 드는 곳. 흔히들 자신이 살면서 만난 가장 좋은 것들을 인생옷, 인생음식 등으로 표현하는 것처럼 이곳은 나에게 인생카페였다. 이 공간이 유별나게 특별한 것도 아니었고, 이곳에 온 지 고작 5분밖에 되지도 않았는데 모든 게 다 좋게만 느껴졌다. "좋다."라는 말을 혼자 몇 번이나 중얼거렸는지 모르겠다. 교토에서 카페를 다닐 때 한곳에서 식사와 디저트까지 해결한 적이 없었는데 이곳에서는 밥을 다 먹고 오늘의 디저트까지 주문해서 오랜 시간 머물다가 일어났다. 그리고 아직 여행 10일째라는 사실이 다행스러웠다. 내가 이곳을 또 올 기회가 얼마든지 있다는 거니까!

브랑슈

 판매용으로 전시되어 있는 그릇과 소품들, 이 공간을 채우고 있는 작은 가구와 책, 흘러나오는 음악까지도 정말 조화로운 곳이다. 공간의 분위기는 작은 요소들 하나하나가 조화를 이루어야 그 모든 것이 하나처럼 느껴지는데, 이곳은 그것을 아주 완벽하게 잘 해낸 곳이라고 느껴졌다. 좋은 카페를 많이 다녀봤지만 처음 들어왔을 때 느낀 설렘은 이곳을 따라올 데가 없다. 게다가 오늘의 정식에 나온 연두부 요리는 눈이 번쩍 뜨일 정도로 무척이나 맛있었고, 그동안 먹었던 정식 중에 메인 요리의 양이나 반찬들이 가장 푸짐해서 배를 든든히 채울 수 있었다. 또 오늘의 정식을 주문하면 커피가 무료라니! 저렴한 가격에 식사와 디저트, 커피까지 즐길 수 있으니 이곳을 좋아하지 않을 이유가 없다.

 며칠 간격으로 메인 메뉴가 바뀌는데, 네 번을 방문해본 결과 모든 요리가 맛있었다. 커다란 사각 플레이트에 한상차림으로 나온다는 이유만으로 일본 가정식이라고 이름을 붙인 요리가 아닌, 정말 현지인들이 직접 집에서 해 먹는 듯한 반찬과 요리를 제공하는 곳이기에 우리의 음식과는 다른 '진짜' 일본 가정식을 경험해볼 수 있다.

 또한 이곳의 무심한 듯 친절한 남자 사장님, 그리고 매번 밝고 따뜻하게 맞아주시는 여자 직원분의 다정함이 자꾸만 이곳을 오게 만드는 이유이기도 하다. 손님 한 명 한 명을 대할 때마다 진심 가득한 상냥함으로 일관하는 그들 덕분에 이 가게의 기운이 이리도 따뜻하게 느껴지는 것이 아닐까 싶었다.

나는 이후로도 이곳을 자주 찾았다. 왠지 기분이 좋다 싶은 날에도, 왠지 교토에게 위로를 받고 싶다 생각이 들 때도 이곳을 찾았다. 이 카페를 소개해서 많은 사람들이 나의 마음에 공감하며 이렇게나 좋은 곳임을 알았으면 좋겠다 싶으면서도, 한편으로는 꽁꽁 숨긴 채 나만 알고 싶기도 했다. 이토록 사랑하고 아끼는 공간. 이곳에 발걸음을 하는 사람들이 나만큼 이 공간을 소중하게 생각하고, 좋은 기억을 안고 돌아가면 좋겠다. 언젠가 내가 다시 교토를 찾아, 교토에 온 기분을 실감하고 싶다면 가장 첫 번째로 이곳을 찾을 것이고, 이곳 또한 그 자리에서 오래도록 나를 기다리고 있으면 좋겠다.

브랑슈(Branche)
주소_4 Saiinshijobatacho, Ukyo-ku, Kyoto 휴무_토요일

4월 11일 | 교토의 계절

교토에 비가 온다. 비가 내리긴 해도 처음 도착했을 때 맞았던 쌀쌀한 공기에 비해, 교토의 온도는 많이 따뜻해졌다. 이렇게 나는 매일 아침 교토에서 계절의 변화를 체감하고 있었다. 한 도시에만 머물며 그곳의 잔잔한 변화를 바라보는 여행은 꽤나 가치 있는 일이구나 생각했다.

처음 교토에 도착한 날, 벚꽃이 가득 피어 있을 거라고 기대했지만 아직 세상 밖으로 나오려면 멀었던 그 작은 몽우리들이 어느덧 시간이 지나 팝콘처럼 부풀어 분홍빛을 띠며 교토를 화사하게 밝혀 주었다. 그렇게 벚꽃들은 올해도 어김없이 누군가의 시선 속에, 사진 속에, 머릿속에, 어여쁜 추억을 선사해주며 제 역할을 다하고 조금씩 져갔다. 바싹 말라 있던 가모가와의 풀잎들은 비를 맞고 조금씩 생기를 띠며 더욱 선명한 초록빛으

로 변해갔다. 덕분에 가모가와에서 시간을 보내는 사람이 늘어갔고, 테라스에 앉아 커피를 마시는 사람도 늘어갔으며, 카디건 같은 외투를 꼭 걸쳐야 했던 옷차림과 동시에 이곳에 대한 내 마음도 더욱 편하고 가벼워졌다.

교토라는 도시에 소속된 기분. 모든 곳을, 많은 것을 알지 않아도 한 달이라는 시간을 머문다는 사실만으로도 소속감을 느끼게 해주는 곳. 계절이 변해감과 동시에 나는 더욱더 교토에 빠져들었다.

토리노키코히

비가 오는 날이면 오늘은 어디를 가야 할지 매번 심각한 고민에 빠지게 된다. 아껴둔 카페들은 왠지 햇볕이 쨍쨍한 날 가야 더 좋을 것 같다는 생각이 들기 때문에 비 오는 날에 갈 만한 곳은 늘 한정적이다. 하지만 오늘, 비 오는 날에 가야 더욱 좋은 곳이 있다는 걸 알게 되었다. 바로 이 카페 덕분이다. 교토의 오래된 주택가 사이에 작게 자리 잡고 있는 이곳은 여자 사장님이 직접 만든 푸딩을 판매하고, 요리도 하고, 커피도 내려주는 곳이다. 진한 커피향과 함께 앤티크한 가게의 분위기는 비 오는 날과 더더욱 잘 어울렸다.

잠시 동네에 산책 나온 듯한 노부부와 홀로 책을 읽거나 이따금 깊은 생각에 잠기는 사람들과 한 공간에 앉아 차를 마시고 책을 읽었다. 알맞게 잘 졸인 캐러멜 시럽이 듬뿍 뿌려진 푸딩과 맛있는 드립커피만 있다면 책 한 권은 거뜬히 읽을 수 있다. 진득하게 앉아 책을 읽다 보니 옆자리에 있던 사람들이 모두 나가고 어느덧 나 혼자만 남았다. 나도 주섬주섬 짐을 챙기고 나와 우산을 폈다. 왠지 교토의 비 오는 날 활용법을 알게 된 것 같은 하루였다. 많이도 내리는 비가 오늘만큼은 밉지 않았다.

토리노키코히(鳥の木珈琲, Torinokikohi)
주소_542, Yamanakacho, Nakagyoku, Kyoto 휴무_수요일

4월 12일 | 녹차 마을 우지

    교토에서 전철을 타면 1시간 이내에 갈 수 있는 우지는 녹차 산지로도 유명한 마을이다. 이른 아침 일어나 장어벤토와 멘치카츠를 사서 전철역에 갔다. 전철을 놓칠세라 급하게 달려가서 겨우 몸을 실었다. 사람이 꽉꽉 채워진 전철 안. 그렇게 10분이 지났을까, 이나리역에서 대부분의 사람들이 쏟아져 내린다. 후시시이나리 신사로 향하는 관광객들이 모두 빠져나가자 전철에는 집으로 가는 듯한 몇몇 할머님들과 귀여운 원복을 입은 아이들만 남았다. 먹구름의 날씨가 개고 파란 하늘이 반겨 주자 나는 더욱 설레기 시작했다. 우지는 아라시야마나 기온에 비하면 훨씬 조용하고 한가한 관광지였다. 우지에 도착하여 상점가 거리를 쭉 거닐다가 다리 밑으로 내려가 자리를 잡고 앉아서 장어벤토를 먹었다. 다 식어서 차갑고 딱딱해진 밥이었지만, 그게 왜 그리도 맛있었는지. 차갑게 식은 벤토 하나만으로 호텔 요리 부럽지 않게 행복한 식사를 했다. 관광객이 가득하기보다는 이곳에 사는 사람이나 교토 근처에 사는 사람들이 잠시 산책하러 오는 듯 보였던 우지. 그렇게 잔잔하고 또 잔잔했던 마을. 다음에는 여름에 와 봐야겠다. 녹차로 만든 메밀소바도 먹어보고, 벚꽃이 아닌 푸르른 녹음이 가득한 진정한 초록 마을 우지를 느껴보고 싶다.

라쿠 카페

강을 따라 벚꽃길을 산책하다가, 자꾸만 더 조용하고 조용한 곳으로 향해 본다. 저 멀리에 라쿠 카페가 보였다. 《Come Home!》이나 《Mama's Cafe》 같은 잡지를 좋아하는 아기자기한 감성의 일본 엄마가 연 카페가 아닐까 싶을 정도로 따뜻하고 다정한 분위기였다. 친구네 집의 부엌

같은 인테리어와 직원분과 손님들은 안면이 있는지 친근한 분위기였다.

이곳은 타마고산도(일본식 달걀 샌드위치)가 유명한데 주문과 동시에 요리해서 만들기 때문에 따끈하고 보드라운, 진정한 홈메이드 타마고산도를 먹어볼 수 있다. 갓 만든 부드러운 타마고산도를 입에 넣는 순간, 따뜻한 온도가 입안 가득 감돌며 부드럽게 살살 녹아내렸다. 마요네즈로 인해 조금은 느끼한 듯, 묘한 중독성이 있었다. 다 먹고 나면 너무 느끼해서 당분간 달걀 요리는 못 먹을 것 같은데 뒤돌아서면 금세 생각나는, 그런 요리다.

사실 우지 마을은 라쿠처럼 아기자기한 분위기의 카페보다는 고즈넉한 찻집이 더 어울리는 듯해서, 이런 분위기의 카페가 있다니 신기하기도 했다. 녹차가 유명한 만큼 녹차 메뉴를 찾는 관광객들을 위한 카페가 많은데, 라쿠는 그저 동네의 누군가가 소소하게 운영하는 공간 같았다. 관광객이 아닌 이곳 주민들이 편안하게 드나들다 보니 카페 자체의 분위기가 더욱 따뜻하고 편안하게 다가온 듯하다. 그래서인지 내가 느낀 라쿠는 '홈메이드'라는 말이 더더욱 잘 어울렸던 카페다.

라쿠 카페(ラク カフェ, Raku Cafe)
주소_Mataburi-65 Uji, Uji-shi, Kyoto-fu 611-0021 휴무_없음

4월 13일

위시 리스트

1. 동네 목욕탕에서 낯선 사람들과 목욕하기

   (유치원 때 이후로 가본 적이 없어 부끄럽지만)

2. 누군가를 위해 케이크를 주문 제작하기

   (화려하고 유명한 베이커리가 아닌, 꼭 동네 양과자점에서)

3. 아무 계획 없이 그저 숙소 근처의 동네를 산책하기

4. 마음에 드는 카페나 장소는 미련이 없을 만큼 몇 번이나 가기

5. 밤에 편의점에서 어묵과 맥주 하나를 사 와 영화 보기

6. 빈티지 숍에서 예쁜 원피스를 사서 하루 종일 입고 다니기

7. 알아둔 곳이 아니더라도 아무 음식점에 들어가서 새로운 음식에 도전하기

8. 자전거 바구니에 오니기리를 담고 산책하다가 아무 데서나 털썩 앉아 먹기

9. 시장이나 동네 마트에서 장을 봐 와서 아침 해 먹기

10. 숙소에 누워 밤새 일본 드라마나 만화를 정주행하기

11. <시간을 달리는 소녀> 속 마코토가 된 듯 자전거를 타고 달리기

12. 날씨가 더워지면 빙수 가게에 가서 짱구가 먹던 시럽이 뿌려진 빙수 먹기

13. 전철 타고 아무 곳이나 가서 즉흥 여행하기

14. 여행에서 만난 사람과 친구가 되기

소소하기 짝이 없는, 누가 보면 비웃을 만한 평범한 나의 위시리스트. 겨우 이 소소한 일들이 내가 이번 여행에서 하고 싶었던 일이었다. 교토 여행을 준비하는 동안 무엇을 하면 좋을까 몇 달을 생각하며 써 내려간 것들이 고작 이렇게 작은 일들이라 스스로도 어이없어 웃음이 나왔다. '고작' 또는 '겨우'라는 부정적인 단어들로 수식하기에 충분한 위시리스트들.

하지만 여행 그리고 낯선 땅이라는 단어가 주는 설렘, 게다가 교토라는 조미료가 뿌려져 완성된 이 모든 리스트는 내게 전혀 사소하지 않았다. 쉬어 가는 여행에서 내게는 나름의 할 일이기도 했고, 매일 밤마다 오늘 이룬 것들을 하나하나 체크하며 성취감을 느끼기도 했다. 마치 학교 다닐 적 스터디 플래너에 적어둔 오늘의 공부를 끝냈을 때 뿌듯해하며 체크하던 어린 날의 나처럼. 그렇게 위시리스트에 차곡차곡 쌓아두었던 일들을 해낸 날은 평소보다 더 행복한 마음으로 잠이 들 수 있었다.

누군가의 가치 기준에 따라 나의 위시리스트를 세울 필요는 없다. 너무 사소해서 놓치고 있던 것을 적어보자. 여행에선 그 사소한 것들도 크게 다가온다. 나만의 기준을 가지고, 작은 것이라도 다시 바라보는 위시리스트. 누군가는 '고작'이라고 말할지라도 내게만 가치가 있다면 그 모든 것들은 여행을 더 풍요롭게 만들어 줄 것이다.

카테

　우산을 써도 막을 수 없는 비를 맞으며 도착한 카테. 분명 오픈 시간을 11시로 알고 왔는데 11시 2분인 지금, 문이 굳게 닫혀 있었다. 오늘은 임시휴무인 걸까? 아니면 오픈 시간을 잘못 알았을까? 넋 나간 표정으로 가게 문을 멍하니 바라보았다. 다시 세찬 비를 뚫고 다른 곳에 가야 한다니. 낙담하며 원망스러운 눈으로 불 꺼진 가게 내부를 들여다보고 있는데 뒤에서 누군가 말을 걸어왔다. "오늘 오픈은 1시." 들리는 한국어에 내 귀를 의심하며, 깜짝 놀라서 뒤를 돌아보았다. 가게 사장님으로 보이는 분이 나를 보곤 웃어 보였다. 그녀는 "오늘 오픈은 1시예요."라고 다시 한 번 한국어로 말하고는 가게 안으로 들어가셨다. 우선 비를 피하자 싶어 근처에 있는 아무 카페에 들어갔다. 배가 몹시 고프지만, 커피를 마시며 카테의 오픈 시간을 기다렸다. 커피를 마시고 책을 읽다 보니 어느덧 1시가 되었고 기다렸다는 듯이 카페를 빠져나가 또 다른 카페, 카테로 향했다.

　1시에 딱 맞춰 도착하니 역시나 첫 손님이었다. 아까 마주쳤던 사장님은 나를 보고 환하게 웃으며 "어서 오세요."라고 인사를 해주셨다. 그리고 약간 어눌한 말투로 "어디에 있다가 왔어요?"라고 물으셨다. 나는 자연스럽게 한국어로 "옆에 있는 카페요!"라고 대답했다. 그녀는 메뉴판을 가져다주면서도 한국어로 이것저것을 물었다. 모든 말에 한국어로 대답해야 할지, 일본어로 대답해야 할지 애매했다. 나도 모르게 일본어가 섞여 나왔는데, 그녀는 시종일관 한국어로만 이야기를 했다. 한국인인 나는 일본어로, 일본인인 그녀는 한국어로. 웃긴 상황이 벌어졌다. 알고 보니 그녀는 한국을 너무도 좋아해서 몇 년째 한국어를 공부 중이라고 했다. 다른 직원분이 내가 주문한 파스타를 만드는 동안 우리는 계속해서 대화를 나누었다. 아이처럼 순수한 웃음을 가지고 있는 그녀와 노라 존스(Norah Jones)의 노래가 흘러나오는 그녀의 카페가 너무도 맘에 들었다.

대화에 빠져있을 때쯤 주문한 파스타가 나왔다. 생선 살과 채소가 듬뿍 들어가 있는 파스타인데, 음식점에 가서 먹는 파스타라기보다 집에서 해 먹는 투박한 비주얼이었다. 하지만 어찌나 맛있던지 입술에 오일을 잔뜩 묻히며 참 맛있게도 먹었다. 파스타를 먹는 내내 혼자였던 가게에 가족 손님들이 들어왔다. 단골손님인 듯 가게 주인분이 그들을 반갑게 맞아주었고, 엄마가 인사를 나누는 사이에 아이들이 먼저 익숙하게 자리를 잡고 앉는다. 오늘은 무얼 먹을까 고민하는 어린아이들과 그들을 다정하게 바라보는 카페 직원분들. 그 모습을 바라보는 것만으로도 내 입가에 미소가 번졌다. 내가 만약 카페를 연다면 어떤 모습의 카페일지 가끔 생각하곤 하는데, 아마 이런 모습들이 내가 원하는 카페의 그림이지 않을까 싶다.

카테(Katte)
주소_120 Kojincho, Kamigyo-ku, Kyoto 휴무_화요일

4월 14일

해피 해피 이치조지

버스를 타고 꽤 멀고 먼 거리를 달려서 향하는 이치조지. 가는 내내 버스 안이 북적거리더니 헤이안 신궁과 긴카쿠지 정거장에서 관광객들이 썰물처럼 빠져나갔다. 집으로 가는 듯한 현지인들만 남아 있는 버스 안은 5분 전과는 너무도 다르게 조용하기만 했다. 오래간만에 곤티티의 노래를 들으며 따스한 봄 햇살을 만끽했다. 오늘은 지난 며칠의 여행과는 조금 다른 느낌이었다. 기분 탓일까? 아무튼, 가면 갈수록 더욱 소박하고 작은 동네 이치조지가 참 좋다. 내릴 때가 돼서 벨을 누르고 앞문으로 걸어가는데 할머님들의 시선이 느껴진다. 외국인이 이 작은 동네에는 무얼 하러 왔는지, 궁금한 시선이다. 그 순간 나는 "저 여기 두 번째 방문이에요!"라고 자랑하고 싶은 이방인이었다.

푸른 녹음이 가득하고, 해가 따스하게 비추는 조용한 동네 이치조지. 이치조지에 오면 늘 그렇듯 점심은 츠바메 카페에서 가정식을 먹는다. 다 먹고 나오면 맞은편에 있는 판노치하레(ぱんのちはれ) 빵집으로 향한다. 영화 <해피 해피 브레드>가 생각나는 사랑스러운 빵집. 맛있는 향이 코끝을 찌르는 이곳에서 한두 가지만 고르기란 여간 어려운 일이 아니다. 고민 끝에 앙버터와 멜론빵을 사 들고 나왔다. 근처에 있는 아브릴 실 가게에서 오색실을 구경하기도 하고, 세계에서 가장 아름다운 서점 중 하나라는 케이분샤에서 조용한 시간을 보내기도 했으며, 만개한 벚꽃나무 아래에서 흩날리는 벚꽃비를 맞아보기도 했다.

그리고 오늘은 어디에서 커피를 마실까 고민하다가 인터넷에 검색하면 외관 사진만 나오던 카페 앤 셜리를 가기로 했다. 이치조지는 작은 동네여서 가게들이 옹기종기 모여 있기 때문에 비교적 쉽게 카페를 찾았다. 왠지 동화에나 나올 것만 같던 신비로운 카페 앤 셜리. 인터넷에선 이곳에 대한 포스팅을 거의 찾아볼 수 없었다. 찾아간 사람은 있어도 닫혀 있는 가게 문을 찍은 사진들뿐이었으니까. 그래서 왠지 더 신비롭게 느껴졌다. 운 좋게도 이날은 앤 셜리의 문이 열려 있었고, 비밀의 문을 여는 기분으로 조심스레 안으로 들어갔다. 앤티크한 가구들과 빈티지 소품들, 그리고 <빨간 머리 앤> 만화의 삽화들이 가득했다. 카페 주인의 취향을 확연히 알 수 있는 데다가 왠지 정말 빨간 머리 앤이 나와서 반겨줄 것만 같았다. 어릴 적 TV에서 보던 만화가 자꾸만 생각났다. 창가 자리에 앉으니 레이스 커튼을 통해 나뭇잎의 그림자가 살랑거린다. 향긋한 홍차 향기가 코끝을 찌르며 기분이 묘해진다. 나는 분명 마법 속에 들어온 것이다.

카페의 분위기와는 다르게 다소 편한 일상 차림으로 손님을 맞이하는 주인분은 다정한 인사와 함께 메뉴판을 건넸다. 밀크티를 주문하자 그녀의 어머니로 보이는 분이 천천히 밀크티를 우려내셨다. 홍차가 주메뉴인 카페여서 그런지 선반에는 고운 찻잔들이 가득 채워져 있다. 찻잔도 탐이 났고, 아늑한 이곳의 분위기가 정말 맘에 들었다. 부드러운 맛의 밀크티를 홀짝일 때쯤 주인분이 어떻게 알고 왔냐며 조심스레 말을 걸어오신다. 밀크티를 마시며 그녀와 대화를 나누었다. 피아니스트라는 그녀는 4년 전에 이 카페를 오픈했고, 종종 이곳에서 첼리스트들이나 가수들과 공연을 한다고 했다. 이 공간이 더욱 사랑스럽게 느껴지는 순간이었다. 궁금했던 카페에 오게 되었고, 주인장인 그녀와 다정한 대화를 나누는 것만으로도 특별한 손님이 된 기분이었다.

교토에서 많은 카페를 다니며 느낀 건, 외국 손님의 발길이 많이 닿지 않은 카페의 주인분들이 나를 신기한 듯 바라보다가 비교적 쉽게 말을 걸어온다는 것이다. 그들에게는 이 작은 카페를 찾아온 외국인에게 궁금한 점이 많은가 보다.

그렇게 앤 설리에서 그녀가 이야기를 해주면 해줄수록 또 한 번 이곳에 올 이유가 늘어갔다. 첫째는 이 카페를 소개한 내 책을 전해주기 위함이고, 둘째는 홍차를 마시며 공연을 보기 위함이다.

앤 셜리

앤 셜리는 내가 가본 카페 중에 외국인의 발길이 가장 닿지 않은 카페였다. 동네에 사는 어린아이가 놀러와 공부를 한다든가 이웃분이 맛있는 음식을 들고 와 나누어 주며 다정한 이야기를 나눈다거나 하는, 오로지 동네 사람들의 휴식처 같은 곳이다.

방문하기 힘든 이유는 인터넷에서 이 카페와 관련한 제대로 된 글을 찾기 힘들어서도 있지만 휴무일이 잦고, 따로 휴무일을 확인할 수 있는 매체가 없기도 하다. 그만큼 방문하기가 꽤 어렵지만, 혹여나 앤 셜리에 찾아갔을 때 문이 열려 있다면 그 사람은 진정한 행운아라 말해주고 싶다.

가게가 아주 세련되었거나, 홍차가 특출나게 맛있다거나 하지는 않지만 어렸을 적의 순수했던 동심으로 돌아갈 수 있는 곳이다. 잠시 그 시절, 그 만화 속으로 들어간 기분을 만끽하며 주인분이 직접 우려 주신 밀크티를 마시면 누구라도 또 이 카페를 찾고 싶어질 것이다.

앤 셜리(Anne Shirley)
주소_31 Takanokamitakeyacho, Sakyo Ward, Kyoto
휴무_부정기적, 스케줄 참조 www.anne-shirley-kyoto.jp

아카츠키 커피

앤 셜리에서 나와 도로 쪽으로 걸어오다 보면 파스텔 톤의 하늘색 문이 있는 아카츠키 커피를 만날 수 있다. 안으로 들어가면 잔잔하고 부드러운 색감과 원목으로 이루어진 인테리어로 인해 눈도 마음도 편안해진다. 이곳은 부부가 운영하는 카페인데, 남편은 커피를 내리고 아내는 케이크와 타르트를 굽는다. 역할 분담이 아주 확실한 터라, 그들은 일을 하는 내내 한마디도 하지 않고 각자의 일에만 집중한다. 카페는 민망할 정도로 고요했지만, 적막하기보다 잔잔하다 표현하고 싶은 곳이다.

아이스커피 한 잔과 이달의 케이크 한 조각을 주문했다. 남편분은 겉으로 보기에는 왠지 '스투시'나 '챔피온' 같은 의류 매장에서 일할 것만 같은 분위기인데, 진지한 모습으로 드립커피를 내리는 모습이 공간과 잘 어울린다고 생각했다.

준비해주신 커피를 한 모금 마시고, 타르트 한 조각을 입에 넣었을 땐 커피도, 타르트도 만든 사람의 모습을 그대로 담고 있다고 느꼈다. 부부가 만들어서 그런지 모르겠지만 커피와 타르트가 꼭 함께 있어야만 더 빛나는 짝꿍처럼 느껴졌다. 산미가 강한 커피도, 타르트도 그다지 좋아하지 않지만 이곳이라면 예외라는 생각이 들었다.

아카츠키 커피(アカツキコーヒー, Akatsuki Coffee)
주소_15-1 Ichijoji Akanomiyacho Sakyo-ku, Kyoto 휴무_일요일

케이분샤 & 아브릴

　이치조지에는 누구나 들러볼 만한 곳이 있다. 세계에서 가장 아름다운 서점 중 하나라는 케이분샤다. 이곳은 작은 인테리어 소품들을 비롯해 잡지와 책, 책에 관련된 것들을 판매한다. 발소리를 내기조차 미안할 만큼 조용하고 사진 촬영도 불가해서 책장 넘기는 소리만 울려 퍼진다.

　그다음으로 추천하고 싶은 곳은, 개인적으로 케이분샤보다 더 좋아하는 공간인 아브릴이다. 이곳은 다양한 실과 그 실로 만든 것들을 판매하는 곳인데, 이곳에 들어가면 아마 푹 빠져서 30분이 훌쩍 넘게 구경할 거라고 장담한다. 어릴 때 이후로 실 가게라는 것을 주변에서 본 일이 드물다. 그만큼 요즘은 전통시장에 나가지 않는 이상 실 가게를 보기는 힘들다. 그래서 아브릴이 더 흥미롭게 다가오기도 했다. 이곳을 천천히 구경하다 보니 아이들에게 무언가를 만들어 주기 위해 실을 고르러 온 어머님들이나 할머님들이 주 손님이었다. 그들은 자신이 무엇을 만들 건지 직원분과 얘기를 나누었고, 직원은 친절하게 실을 골라주었다. 나는 뜨개질이나 바느질을 할 생각은 없었지만 이곳에 있는 실들이 하나같이 다 곱고 특이해서 하나쯤은 소장하고 싶었다. 그래서 마음에 드는 실들을 여러 개 골라 담았다. 분명 나에게는 크게 쓸모가 있진 않겠지만 아주 만족스러운 쇼핑을 한 기분이었다. 아날로그하면서 트렌디하게 느껴지는 공간 아브릴.

케이분샤(惠文社)
주소_10 Ichijoji Haraitonocho, Sakyo Ward, Kyoto 휴무_없음

아브릴(Avril)
주소_20-1 Ichijoji Takatsukicho, Sakyo Ward, Kyoto 휴무_없음(부정기적)

4월 15일

동네 마트에서 장 보기

일본에선 종종 'Fresco'라고 쓰인 마트를 볼 수 있는데, 숙소 근처에 있다면 꼭 가보기를 권한다. 신선한 회나 초밥은 물론, 튀김, 덮밥, 야키소바, 도시락 등의 조리식품도 판매하고 있다. 일본에 오면 간식거리는 늘 편의점에서 사 먹었지만 한번 마트의 맛을 본 이후로는 매일 밤 편의점 대신 마트로 향했다. 대형 마트보다 조금 더 편하게 들를 수 있어서 숙소에 가기 전 잠시 들렀다가 마트 구경에 시간 가는 줄도 몰랐다. 다양한 맛의 호로요이가 즐비한 주류 냉장고를 보면서 오늘은 어떤 맛을 마실까 고민하기도 하고, 야식으로 먹을 연어초밥과 회 한 팩을 바구니에 담거나 돈카츠를 사달라며 떼쓰는 어린아이와 신중하게 저녁거리를 고르는 엄마의 모습에 웃음 짓기도 했다.

전날에는 마트에서 콘마요 스프레드라는 것을 사 왔다. 흔히 횟집에 가면 스키다시로 주는 음식인데, 그것을 통에 담아 빵에 발라먹기 좋게 나온 제품이었다. 콘마요 스프레드 한 통과 두툼한 식빵을 사서 'Ahyeon'이라고 이름을 쓴 후 게스트하우스의 냉장고에 넣어두었다. 다음 날, 다들 준비하고 나갔을 점심 즈음에야 일어나 주방의 미니오븐에 식빵을 구웠다. 거기에 콘마요를 잔뜩 뿌리고는 크게 한입 베어 물었다. 어린애 입맛인 나에게는 아주 딱인 아침 메뉴였다. 늦잠을 자고 일어나 숙소에서 아침을 해 먹고 나오는 것만으로, 이곳에 사는 사람이 된 기분을 느끼곤 했다.

키토네

몇 년 전부터 SNS를 통해 많은 영감을 받았던 카페 키토네. 이곳은 교토뿐만 아니라 일본 사람들에게도 꽤 유명한 카페다. 키토네라는 이름은 일본어로 나무와 흙, 또는 나무와 뿌리라고 한다. 그래서 직접 만든 나무그릇이나 자기그릇, 오가닉 코튼으로 된 옷가지들을 판매하는 숍과 함께 작은 규모의 카페를 운영하고 있다. 계산기조차 포스기가 아닌 아날로그한 계산기를 사용하며, 아이스커피를 주문하면 직접 얼려둔 얼음을 손으로 깨부수어 넣어준다. 내어주는 물수건은 일회용이 아닌 보드라운 거즈면 원단이라는 것도 인상 깊다. 이렇듯 이곳은 아날로그한 것을 추구하는 곳이다.

교토에 오면 가장 오고 싶었던 카페였고, 숙소와 가까운 곳에 있어서 꼭 날이 좋은 날에 가려고 아껴둔 곳이었다. 휴무가 잦다는데 내가 가는 날이 휴무이진 않을까, 손님이 많아서 자리가 없진 않을까 걱정했지만 다행스럽게도 카페에는 나뿐이었다. 혹여나 움직이다가 공간을 가득 메우고 있는 그릇들과 소중한 소품 하나하나를 망가트리지 않을까 조심스레 움직였다. 투박하면서도 정성스러운 손길로 만들어진 그릇과 소품들을 둘러보는데 그 어느 카페보다도 아름답게 느껴졌다. 낡아버린 천 조각, 볼품없이 메마른 나뭇가지, 해진 철제 바구니, 손때 묻은 오래된 책 하나하나가 그들을 만나 카페의 멋진 일원이 되었다. 오래되고 낡은 것들에게 한 번 더 귀를 기울여주고 손길을 뻗어 다시금 생명력을 불어주는 마법 같은 곳. 유행하는 것, 세련된 것만 따라가기 급급한 요즘의 우리 세대와는 다르게 키토네나 교토 대부분의 카페들은 세월이 느껴지는 오래된 옛것, 촌스럽지만 아날로그하고 투박한 것들을 소중히 여기며 지켜내고 있었다. 이들이 만든 소중한 공간에서 따뜻한 기억과 많은 영감, 좋은 기운까지 얻어 가자니 커피 한 잔 값만 지불한 게 미안할 정도였다. 나는 이 공간에 머물 때마다, 나중에 나이가 좀 들면 키토네 같은 삶을 살고 싶다고 몇 번이나 생각하곤 했다.

나는 이곳을 정말 좋아했고 교토에 있는 동안 브랑슈만큼 자주 찾았다. 투박하고 커다란 그릇에 담아주는 아이스커피의 맛도 좋고, 이들의 정성스러운 손길이 닿은 홈메이드 디저트도 좋다. 특히 치즈케이크가 너무 맛있었다. 여름에 다시 오게 된다면 키토네에서 가장 유명한 빙수를 먹어보고 싶다. 그들이 천천히 졸인 여러 가지 과일 시럽을 뿌린 투박한 빙수를 꼭 먹어봐야지.

키토네(Kitone)
주소_589-1 Torocho, Shimogyo-ku, Kyoto 휴무_수요일, 목요일(부정기적)

4월 16일

리틀 포레스트

    교토의 산속 시골 마을인 오하라를 가는 날이었다. 늦잠을 자는 바람에 오하라에서 가장 하고 싶었던 새벽시장 구경이 물 건너가버렸다. 잠시 가야 할지 말아야 할지 고민에 빠졌지만 오늘은 왠지 꼭 오하라에 가야 하는 날이라고 생각했다. 서둘러 준비하고 나와 근처 버스정류장에서 노선을 확인했다. 버스 몇 대가 지나가고 나서야, 드디어 오하라로 가는 버스가 다가왔다. 창가 자리에 앉아 이어폰을 귀에 꽂고 플레이리스트를 재생했다. 흘러나온 첫 곡은 <센과 치히로의 행방불명> OST '어느 여름날'. 일본에 와서 자주 듣던 노래지만 이 노래를 들으며 이토록 설레는 감정을 느낀 건 참으로 오랜만이었다.

    노래를 들으며 바깥 풍경을 눈에 가득 담다 보니 어느덧 산언저리에 있는 작은 시골 마을 오하라에 도착했다. 눈에 보이는 풍경들이 수채화로 그려놓은 듯한 한 폭의 그림처럼 다가왔다. 이토록 벅찬 마음도 오랜만이었다. 어릴 때는 산으로 소풍이나 수련회를 가는 게 너무너무 싫었다. 아프다고 거짓말을 하고 학교에 빠지고 싶을 정도였다. 초등학생 때였나, 수련회 일정 중에 등산이 있었다. 더운 날 등산을 하려니 어지럽고 지치는데 억지로 걸어야 한다는 게 어찌나 싫은지. 그 후 산이라면 질색을 했던 것 같다. 그런데 오하라에 오고 나니 언제 그랬냐는 듯 산이 정말 좋아졌다. 자의로는 한 번도 산에 오른 적 없던 내가, 한국으로 돌아가면 산에 오르고 싶다는 생각마저 들었다. 어떠한 인위적인 소리나 손길이 없는 자연 그대로의 오하라. 내가 사랑하는 영화 <리틀 포레스트>가 떠오르는 곳이었다. 좁은 길을 따라 산길을 걸으면 어느덧 내 발소리와 새의 울음소리가 박자를

맞춰 멜로디를 만들어냈다. 터덜터덜 걷다가 말도 안 되는 이 풍경들을 보며 잠시 멈춰 감상하기도 하고, 자연이 들려주는 소리에 귀 기울이기도 했다. 언젠가는 산에 살고 싶다는 생각이 들었다.

산 한 바퀴를 돌고 내려오다 보니 목이 말랐다. 아무 음료라도 좋으니 시원한 곳에서 아이스 음료를 벌컥벌컥 들이켜고 싶어졌다. 때마침 눈앞에 'Coffee'라는 작은 간판이 보였다. 문을 열고 들어가자 다다미방처럼 생긴 카페와 주인 할머님이 반겨 주신다. 카페라고 하기엔 다소 어색한 모습을 하고 있었다. 조심스레 들어가서 아이스커피 한 잔을 주문하고 창밖을 멍하니 바라보고 있으니 할머님이 말을 걸어오셨다. 일본어를 못 알아들은 내가 어리둥절한 표정을 짓고 있자 옆에 있던 일본인 부부가 영어로 해석을 하며 알려주신다. 내가 중국인인지, 한국인인지 물어보신 듯했다. 할머님 말씀으로는 중국인, 일본인, 한국인이 다 비슷하게 생겨서 구분을 못하겠다고. 멋쩍은 웃음을 짓고 건네주신 커피를 마시는데 딱히 맛이 좋지는 않았다. 한 입만 마시고 잔을 내려놓은 뒤 가만히 있자 할머님이 다시금 말을 걸어오신다. 혹시나 커피 맛이 별로냐고 물으면 어쩌지 걱정하고 있던 찰나에 오하라 여행을 왔냐며, 오하라가 어떻냐고 물어보신다. 그제야 안심하며 아름답고 너무 좋다고 대답하니, 할머님은 고개를 끄덕이시며 오하라는 정말 아름다운 곳이라고 말씀하시고는 창밖을 내다보셨다. 그 눈

빛에서 진정 오하라를 사랑하는 할머님의 마음을 느낄 수 있었다. 그러고는 갑작스럽게 카운터로 가시더니 앨범 하나를 들고 오셨다. 오래전 한국에 가셨을 때 찍은 사진과 취미 생활로 그린 그림들을 구경시켜 주셨다. 무슨 말이라도 더 하면서 맞장구치고 싶은데 할 수 있는 말에 한계가 있으니 답답했다. 이때 일본어 공부를 열심히 해야겠다고 한 번 더 다짐했던 것 같다. 그래도 꾸역꾸역 번역기를 동원해 대화하다 보니 마치 오래 알고 지낸 사이처럼 할머님이 편해졌고, 할머님은 카페 뒤에 있는 자신의 집 구경도 시켜주겠다고 하셨다. 신발을 신고 따라 나가자 카페 바로 위에 위치한 집이었다. 앞에는 커다란 꽃이 달려있는 나무가 있고, 아름다운 꽃 앞에서 내 사진을 찍어 주겠다고 하셨다. 어색한 웃음으로 사진을 찍고 다시 할머니와 가게로 돌아와서 또 이런저런 이야기를 나누었다. 안 되는 언어로 열심히 대화했지만 할머니와 함께 작은 커피 가게에서 보낸 시간은 잊지 못할 추억이 되었다. 우리 할머니처럼 친근함이 느껴졌고, 나도 할머니에게 짧은 시간 동안은 손녀가 되지 않았을까. 나중에 오하라에 다시 갔을 때 카페도, 할머님도 건강하게 그 자리에 계셨으면 좋겠다. 할머니, 다시 찾을 때까지 오래오래 건강하세요.

4월 17일

그리움의 이유

장소에 대한 그리움은 시각, 청각, 후각, 촉각 모든 감각이 동시다발적으로 반응하며 시작된다.

나에게는 향이 주는 여운과 그리움이 가장 강한 힘을 발휘한다. 일본에 처음 왔을 때 맡았던 일본 지하철역 특유의 냄새는, 그 후로 일본에 올 때마다 '아, 내가 또 이곳에 왔구나'라는 편안함을 느끼게 해주었다. 머물렀던 게스트하우스의 내 작은 공간에는 샤워하고 온몸에 잔뜩 발랐던 로션 향이 가득 찼다. 그 향은 포근하게 나를 감싸 안아 나무 향이 가득했던 낯선 공간을 내가 오래도록 써온 방처럼 느끼게 해주었다. 다시 오면 이 향들이 날 안아줄까, 잘 왔다고 토닥여줄까. 잠에 들기 전에 생각하며 이곳에 다시 오자고 몇 번이나 다짐하곤 했다.

그리고 때로는 음성 파일로 만들어 그리울 때마다 듣고 싶은 소리들이 있다. 지하철을 기다리고 서 있으면 역 안에 울리는 익숙한 안내 멘트. 아마 나에게 가장 낯익은 일본어 문장은 일본의 어떤 지하철에서나 똑같이 흘러나오는 그 문장이지 않을까. 동글동글, 귀엽게 생긴 신호등이 파란 불을 켜며 내는 소리 또한 정겹다. 조용한 밤, 차도 사람도 다니지 않는 작은 횡단보도 앞에 서서 신호등이 내는 소리를 가만히 들으며 숙소로 향했던 걸음들이 생각난다. 하루에도 몇 번이고 들락날락했던 편의점의 소리도 좋아한다. 때론 아침부터 저녁까지 매 끼니를 해결해주고 간식거리들을 가득 챙겨 계산대에 가면 편의점 점원들이 두들기던 계산대의 소리 또한 잊지 못한다. 일본에 가면 매번 먹는 단골 가게인 이치란 라멘 가게에서 흘러나오는 멜로디도, 버스를 타고 하차할 때 벨을 누르면 "토마리마스(と

마립니다, 멈추겠습니다)."라고 말하던 안내 음성도.

이곳을 그리워할 이유는 이렇게나 사소했다. 그래서 어쩌면, 너무도 익숙해질 만큼 내 가까이서 하루에도 몇 번씩 함께했던 감각들이라 이리도 그리워지는 게 아닐까.

가모가와 카페
이름을 들었을 때부터 '여긴 분명 좋을 거야'라는 생각이 들었다. 내가 교토에서 가장 사랑하는 곳인 가모가와의 이름을 딴 카페이기 때문이다. 비가 추적추적 내리는 이른 아침, 이곳으로 향했다. 가모가와에서 한 블록만 가면 나오는 좁은 골목길에 카페가 있었다. 외관에서부터 꽤 오래된 것 같은 세월의 흔적이 느껴졌다. 그래서 더욱더 이 카페의 느낌이 좋았다. 나는 시간의 때를 좋아하는 사람이니까.

한 걸음 내디딜 때마다 삐거덕삐거덕 소리가 크게 울리는 나무 계단을 따라 올라갔다. 다락방에 올라가는 듯한 느낌이었는데, 2층에 올라오니 생각보다 훨씬 넓고 천장이 높은 내부에 눈이 휘둥그레졌다. 오픈 시간이 얼마 되지 않았는데 자리는 이미 현지인들로 꽉꽉 채워져 있었다. 식사 메뉴를 주문하고 가게를 둘러보다가 커다란 창가 쪽에 자리를 잡았다. 바깥은 여전히 보슬보슬 비가 내리고 있었고, 시원한 바람과 비에 젖은 흙냄새가 창문을 통해 들어왔다. 기분 좋은 그 냄새를 크게 들이마셔 보았다.

 가게 안에는 혼자 온 사람이 꽤 많았다. 일찍 와서 아침을 먹고 있는 사람도 있었고, 차를 마시며 책을 읽는 사람도 있었다. 책도, 노트도 없이 빈손으로 온 나는 분위기상 뭐라도 읽어야겠다 싶어서 한쪽 벽에 마련된 책장으로 갔다. 카페에 오기 전에 이 카페의 사장님이 한국을 꽤나 좋아하시는 분이라고 들었는데, 그래서인지 책장 한쪽에는 한국어로 된 여행 책들이 몇 권 있었다. 어떤 책을 읽어볼까 고민하다가 오사카 여행 에세이를 가지고 자리로 돌아왔다. 아침을 먹으며 문장들을 천천히 음미했다. 읽다 보니 책에는 가모가와 카페에 관한 글도 있었다. 누군가 이 공간에서 느꼈던 감정을 담아 쓴 글을 이곳에서 읽게 되니 기분이 묘했다. 동시에 이 카페가 더더욱 좋아졌다.

 그리고… 내 이야기도 그랬으면 좋겠다고 생각했다. 누군가 나의 발자취를 그대로 따라 밟으며, 그 공간에서 느꼈던 감정들을 함께 공유하고 느껴보는 것만으로도 이 책의 의미는 완전해질 것 같다.

가모가와 카페(かもがわカフェ, Kamogawa Cafe)
주소_229-1 Kamiikesucho, Kamigyo-ku, Kyoto 휴무_목요일

미도리 : 사치에 씨. 가이드북에 가게 광고를 내는 건 어때요?

사치에 : 아뇨. 가이드북을 보고 일본 음식이 먹고 싶어져서 오는 일본인이나, 일본 음식이라면 스시와 일본 술이 있다고만 생각하고 오는 외국인들은 우리 가게의 취향과는 안 맞는 것 같아요. 우리 가게는 레스토랑이 아니고 식당이에요. 좀 더 가까운 느낌이랄까. 가게 앞을 지나가던 사람이 그냥 쉽게 들어올 수 있는 그런 가게요.

_영화 <카모메 식당> 중에서

4월 18일

제각각의 교토

내내 뒤척이다가 밤을 꼴딱 새 버렸다. 이렇게나 상쾌한 아침 공기를 맡는 게 얼마 만인지. 그동안 매일 게으름 피우느라 점심이 다 돼서야 일어났다 보니 이렇게 좋은 아침의 기운 앞에 스스로를 반성하게 된다. 숙소 테라스에 있는 벤치에 앉아 하늘을 올려다보았다. 친구들을 깨우러 가는 길인지 바삐 날아가는 새 몇 마리와 저 멀리 하늘에 떠 있는 반달, 그리고 상쾌한 아침 공기. 오늘은 왠지 평소와는 다르게 긴 하루가 될 것 같다.

아침 공기가 좋아서 결국 일찍 나와 자전거를 타고 동네 산책을 하기로 했다. 등원 중인 유치원생들이 병아리처럼 줄을 지어서 걸어간다. 아이들을 이끄는 다정한 선생님과 그들에게 인사하는 교통 도우미 할아버지들. 할아버지들이 "오하요(おはよう, 안녕)." 하고 인사하자 아이들도

따라서 "오하요." 인사를 한다. 그들에게는 익숙할 아침 풍경이 내게는 무척이나 새롭고 다정하게 다가왔다. 서로가 서로에게 인사하는 것이 무색해진 현대 사회에서 아직도 저렇게 다정하고 따뜻한 이웃들이 있구나 생각했다. 잠시 나도 이곳 사람이 된 듯한 기분을 만끽하며 아침을 보냈다.

이날은 내가 교토에서 본 하늘 중 가장 맑은 날이었다. 더없이 푸른 하늘을 올려다보며 숨을 크게 들이쉬고, 새로운 동네를 향해 열심히 페달을 밟았다. 교토에 3주째 있으면서도, 매번 같은 동네 안에서만 맴돌다 보니 새로운 동네를 가는 날이면 유독 설레곤 했다. 지도에 표시해둔 곳을 보며 새로운 동네를 이리저리 둘러본다. 병아리처럼 줄을 지어 걸어가던 귀여운 유치원생들과 누구보다 따뜻한 미소로 아이들을 보듬던 선생님은 오후 산책을 하고 있었고, 관광객처럼 보이는 가족 일행은 너도 나도 꼭 붙으라며 추억이 될 사진을 남기고 있었다. 길을 걷다가 예쁘게 핀 꽃을 보더니 꽤 오래된 연식의 휴대폰으로 서툴게 사진을 찍던 할머님도 계셨으며, 자전거 앞뒤에 아이들을 태우고 바삐 페달을 밟던 엄마의 힘도 보았다. 가는 길에 마주한 소소한 행복들이 마음을 따뜻하게 만들어주었다. 기분 좋은 미소를 짓고 달콤한 목소리가 흘러나오는 모리의 노래를 들으니 이 세상이 이렇게도 따뜻해 보일 수가 없었다. 마주한 풍경들과 곧잘 어울리는 음악, 그리고 그로 인해 내 마음도 살랑살랑, 간질간질거렸다.

우메조노사보

기분 좋은 풍경들을 감상하며 자전거를 타고 열심히 달리는데, 조용한 골목에 위치한 우메조노사보에 다다랐다. 나무 문을 드르륵 열고 들어가자 평온한 기운이 공간 안에 맴돌았다. 오래된 듯한 나무 쇼케이스 안에는 하나하나 소중한 작품 같은 양갱들이 어여쁜 얼굴들을 들이밀고 사람들의 선택을 받기 위해 기다리고 있었다. 먹기 아까울 정도로 예쁘다는 말은 이 양갱에게 쓰고 싶었다. 직원에게 추천받은 양갱 두 가지를 골랐다. 하나는 레몬양갱, 하나는 말차양갱. 작은 양갱을 포크로 잘라 입에 넣는 순간, 그 작은 양갱 안에 들어갔을 정성이 입안 가득 느껴져 왔다.

저들은 무슨 이야기를 가지고 이 카페를 시작했으며, 왜 양갱이라는 간식을 다루게 되었을까 무척이나 궁금해진다. 분명히 이 양갱 하나하나에도 많은 이야기가 녹아 있을 것이다. 대개 좋았던 공간은 다음에 또 올 생각이 먼저 들고는 하는데 이곳 또한 다음에 다시 와서 양갱을 천천히 음미하며 책을 읽고 싶다고 생각했다.

우메조노사보(うめぞの茶房, Umezonosabou)
주소_11-1 Murasakino Higashifujinomoricho, Kita, Kyoto 휴무_없음

4월 19일

교토의 작은 카메라 상점

지난번 버스를 타고 지나가다가 우연히 창밖으로 작은 카메라 가게를 보았다. 사진을 좋아하기 때문에 꼭 가고 싶어서 그 짧은 찰나 지도에 위치를 표시해두었다. 버스를 타고 스쳐 지나가다 본 가게라 그곳이 카메라 가게가 맞는지도 확실하진 않았다. 가게를 찾기 위해 표시해둔 곳으로 걷고 걸었는데 흔적조차 없었다. '금세 다른 가게로 바뀌었나?'

근처를 어슬렁거리다 이내 포기한 채 버스를 타고 밥을 먹으러 가기로 했다. 평소보다 더운 날씨인데 오늘은 또 왜 하필 이렇게도 더운 옷을 입은 건지. 인상을 잔뜩 찌푸리며 버스정류장에 다다랐는데 버스도 올 기미가 없다. 가까운 거리니 그냥 걸어가자 싶어서 터덜터덜 걸어가던 찰나, 무심코 옆을 보니 카메라 가게가 나타나 있었다. 너무 놀라서 멍을 때리다가 급격히 흥분되는 마음에 카메라를 꺼내어 가게 사진을 마구 담았다. 설레는 마음으로 안으로 들어가니 더 들뜰 수밖에 없었다. 카메라와 관련된 소품들, 카메라 스트랩, 카메라 모양이 새겨진 스탬프, 여러 가지 필름 등… 구경만 하는 데도 엔도르핀이 마구 솟았다.

마침 필름카메라 밑부분의 나사가 빠져버려서 골치였는데 사장님이 카메라를 보시더니 친절하게 고쳐주셨다. 덕분에 내 카메라는 다시 제 모습을 되찾았고, 기분이 좋아져 신나게 필름을 골랐다. 입문자라 필름에 대

해 잘 알지는 못했지만 가게에는 필름에 따라 어떤 사진이 나오는지 볼 수 있는 앨범이 있어서 직원분께 원하는 느낌의 필름을 추천받고 고를 수 있었다. 사고 싶던 필름을 몇 개 사고 더위도 식히고 가게에서 나왔다. 우연히 발견한 카메라 가게로 인해 내 여행이 더 풍요로워진 기분이었다. 역시 예상치 못하게 발견한 행복은 그 행복이 몇 배가 되는 것 같다.

아오오니기리

긴카쿠지 가는 길에 있는 이 작은 가게는 아끼는 장소 중 하나다. 이 가게를 유독 아끼는 이유가 있다. 어떤 나라에 가면 그 나라의 소울 푸드를 꼭 먹어야 한다는 나만의 여행 철칙이 있기 때문이다. 영화 <카모메 식당>에서 사치에와 미도리가 오니기리를 일본인의 소울 푸드라고 표현한 뒤부터 '일본인의 소울 푸드'라 하면 가장 첫 번째로 떠오르는 음식이 오니기리가 되었다. 사실 <카모메 식당>을 보기 전에도 오니기리는 어릴 적부터 익숙한 음식이었다. 어릴 적 방학 내내 달고 살았던 만화들이 주로 일본 만화라서 그런지 나를 비롯해 많은 사람들이 알게 모르게 그들의 음식을 접했을 것이다. 끈적하게 늘어나는 낫토라든가, 동그란 모양 또는 세모난 모양의 흰쌀밥에 작은 김이 붙은 오니기리라든가. 만화를 볼 때마다 먹어보고 싶은 마음이 굴뚝같았다. 귀여운 모양에 주인공들이 그리도 맛있게 먹으니 어릴 적 나에겐 대단한 음식처럼 보였나 보다.

아오오니기리를 가고 싶었던 이유는 요즘에는 앉아서 먹고 갈 수 있는 오니기리 가게가 생각보다 찾기 힘들어서였다. 물론 편의점이나 벤토 가게에서 오니기리를 쉽게 볼 수 있지만, 자리에 앉아 미소장국과 함께 느긋하게 먹고 갈 수 있는 가게는 얼마 없었다. 열심히 오니기리 가게를 알아보던 중 오직 오니기리만 판매하며, 오래된 듯한 가게와 평범하고 올드한 느낌의 메뉴에 비해 사장님이 젊으신 분이라는 정보를 듣고 이 공간에 대한 흥미가 생겼다. 그래서 날씨 좋은 날 긴카쿠지 근처를 천천히 산책하다가 오니기리를 먹어야겠다고 생각하며 내 마음속에 꼭꼭 저장해두었다. 마치 다음 날 학교 끝나고 와서 먹으려고 아껴둔 냉장고 속의 조각 케이크처럼 말이다.

드르륵, 낡고 오래된 나무 문을 열고 들어갔다. 곳곳에 가득한 파란 도깨비 그림, 그리고 오니기리 모형 소품들. 생각보다 조용한 가게와 무뚝뚝한 듯 친절한 젊은 남자 사장님이 반겨주셨다. 가게에는 나뿐이었다. 사장님의 추천을 받고 오니기리 정식을 주문했다. 듣던 대로 메뉴는 오니기리 몇 가지와 미소장국, 계란말이뿐이었다. 귀여운 오니기리가 그려진 컵에 담아주신 물로 목을 축이다가 가게를 천천히 둘러보았다. 세월의 흔적이 느껴지면서 오니기리 소품들로 재밌게 꾸민 모습이 참 흥미로웠다. 한쪽 벽면에 가득 붙은 아이들의 도깨비 그림도 인상적이었다.

아오오니기리(青おにぎり, Ao Onigiri)
주소_39-3 Shimo Minamidacho Jodoji, Sakyo-ku, Kyoto 휴무_부정기적

사장님은 눈앞에서 빠르게 오니기리를 만들어주셨다. 기대에 찬 마음으로 젓가락을 드니까 사장님께서 오니기리는 꼭 손으로 잡고 먹어야 한다고 알려주셨다. 손으로 오니기리를 들고 야무지게 베어 물었다. 자극적이지 않고 고소한 맛이 매력적이었다. 허기진 배를 채우고 사장님께 말을 건넸다. 가게 안에 사람이 나뿐이어서 그런지 사장님도 내가 말을 걸어오기를 기다리고 계셨던 것 같다(어디까지나 내 생각). 일본어와 영어, 번역기를 동원해 열심히 대화를 이어갔다. 20대, 기껏해야 30대일 줄 알았던 사장님은 알고 보니 아이도 있는 40대 아저씨였다. 뿐만 아니라 할아버지가 한국분이어서 한국인 피가 섞여 있다고 했다. 그는 요리를 그렇게 좋아하거나 잘하지 않지만 오니기리 만들기만 좋아해서 이 가게를 시작했다고 한다. 단출한 메뉴판이 왠지 의미 있고 멋져 보였는데 생각보다 단순한 이유였다. 그래도 자신이 좋아하고 자신 있는 분야 한 가지만 집중해서 한다는 것은 꽤 멋진 일이다.

평소에는, 아니 방금 전까지도 만석이었는데 운 좋게도 내가 사람이 없는 시간대에 온 것이라고 한다. 운이 따라준 덕분에 사장님과 대화도 나누고 여유롭게 글도 쓸 수 있어서 행복하다는 생각이 들었다. 누군가의 소울이 느껴지는 음식을 이런 공간에서 먹고 즐길 수 있음에 감사한 순간이었다. 아마 교토에 오면 늘 찾는 곳 중 하나가 되지 않을까.

4월 20일 | 귀를 기울이면

나의 발자국 소리만 울리는 교토의 골목골목을 사랑한다.

주방에서 분주하게 움직이는 소리, 달그락거리는 그릇 소리, 잔잔한 배경 음악, 손님들의 백색 소음, 모든 소리가 조화롭게 어우러지는 교토의 카페를 사랑한다.

바람에 흔들리는 나뭇잎 소리가 들려오는 강가를 사랑한다.

동네를 걷다가 잠시 앉아서 쉬고 있으면 아이들의 웃음소리가 울려 퍼지는 작은 놀이터를 사랑한다.

그렇듯 이번 여행은, 온전히 그곳의 소리에 집중할 수 있는 잔잔하고 소박하며 평온한 나날들이었다.

노트 카페

요즘 우리나라에서 유행하고 있는 일본식 디저트가 있다. 바로 앙버터산도와 타마고산도. 우리나라에서는 조금씩 뜨고 있는 정도라면, 일본에서는 오래전부터 유행하던 음식들이다. 일본인들이 워낙 달걀로 만든 샌드위치를 좋아해서 카페에 가면 런치나 디저트로 타마고산도를 쉽게 볼 수 있다. 또한 단팥으로 만든 디저트도 많이 볼 수 있는데 그중 하나가 앙버터이다. 담백한 빵 안에 버터 한 조각과 단팥앙금을 1:1 비율로 넣어 먹는 것인데, 비주얼에 비해 생각보다 굉장히 맛있다. 재작년 즈음에 학교 제과제빵 실습으로 앙버터를 처음 만들었다가 기대 이상의 맛으로 바게트 하나 크기의 앙버터를 혼자서 다 먹었었다. 나처럼 앙버터의 매력에 빠진 사람들은 쉽게 헤어 나오지 못할 것이다.

이런 앙버터와 타마고산도를 동시에 먹어보고 싶다면 교토에서는 노트 카페에 가면 된다. 앙증맞고 아담한 비주얼의 이 두 산도는 커피와도 아주 잘 어울리고 한 끼 식사로도 좋다. 모든 테이블마다 올라가 있는 동그란 빵들을 보자니 그 모습이 귀엽기도 하다. 맛을 평가하자면 개인적으로는 앙버터의 손을 들어주고 싶다. 앙버터는 어디서 먹어도 실패가 적은 메뉴이지만, 타마고산도는 집집마다 만드는 레시피가 약간씩 다르기 때문에 호불호가 갈릴 수 있다.

노트 카페(Knot cafe)
주소_758-1 Higashiimakojicho, Kamigyo-ku, Kyoto 휴무_화요일

4월 21일 | 좋은 공간의 힘

　　매일의 여행이 즐겁지만은 않았다. 홀로 하는 여행에서 나에게 때때로 외로움이라는 어둠이 찾아와 그늘지게 만드는 나날도 있었다. 그게 바로 오늘이었다. 아무런 의지도, 힘도 없던 오늘. 여행의 의욕마저 잃고 몸도 좋지 않아 모든 컨디션이 말 그대로 꽝이었다. 하지만 작은 게스트하우스 방 안에 홀로 멍하니 누워 있자니 그마저 더 슬프게 느껴졌다. 교토에 있을 날이 며칠 안 남았는데 이대로 시간을 흘려보내는 것도 억울했다. 그래서 반강제적으로 일어나 준비를 한 뒤 자전거를 끌고 길을 나섰다.

　　오전 내내 흐리던 날씨는 나올 때가 되니 포근해졌다. 힘을 내라고 날씨가 위로를 건네는 것만 같았다. 멀리 갈 힘도 없었기에 게스트하우스 근처에 위치한 카페 키토네를 다시 찾았다. 오늘도 여전히 조용하고 평화

로웠던 이곳. 늘 앉던 자리에 또 앉아서 음악을 들으며 커피를 마시고 글을 썼다. 생각 정리도 하고 마음을 보듬어야 했다. 아이스커피 한 잔과 치즈케이크 한 조각, 그리고 패니욜로의 기타 소리와 가게 안에 울리는 작은 소음들. 따뜻하고 편안한 기운이 나를 감싸 안기 시작했다. 누군가의 말로도, 여행 자체가 주는 행복도, 아무것도 위로가 되지 않았던 나에게 이 작은 공간과 커피 한 잔 그리고 달콤하고 부드러운 디저트가 다정한 손길로 위로해왔다. 지난밤과 오늘 아침까지만 해도 끝없이 가라앉던 무거운 고민과 걱정들이 너무도 단순하게 녹아내리는 순간이었다. 그리고 다짐했다. 나도 나중에 꼭 이런 공간을 만들어야겠다고. 그 자체만으로 누군가에게 위로가 되고 힘이 되는 그런 곳.

송버드 커피

'Songbird'라는 카페 이름 때문일까. 이곳의 카레는 조금 독특한 모양이다. 둥그런 모양의 밥 위에 카레를 붓고 계란을 올려놓은 모습이 마치 둥지 위의 새알 같기도 하다. 일본은 유독 카레를 좋아해서 어딜 가도 카레 메뉴를 쉽게 접할 수 있다. 일본에 머무는 동안 카레 음식을 많이 먹어봤지만 이곳은 내가 먹어본 카레 중에서도 손꼽을 정도로 맛있었다. 약간 달콤한 듯 매콤한 카레와 크런치한 마늘 튀김, 그리고 부드러운 반숙 계란의 조화가 아주 잘 어울렸다. 배가 고프지 않은 상태였음에도 불구하고 허겁지겁 카레 한 그릇을 뚝딱했다.

일본에 있는 동안 때로는 카레가 일본 음식인가 생각이 들 정도로 카레 냄새를 많이 맡았다. 음식점이 많은 상점가를 지날 때면 가장 먼저 풍겨오는 냄새가 카레였고, 저녁 시간대에 주택가를 걷다 보면 카레 냄새가 나서 이 집은 오늘 저녁 메뉴가 카레구나 추측하기도 했다. 그래서 내가 기억하는 일본의 냄새 중 하나에는 카레 냄새도 있다.

송버드 커피(Songbird Coffee)
주소_529 Nishitakeyacho, Nakagyo-ku, Kyoto 휴무_목요일

4월 22일

즉흥 전철 여행

　　이번 여행의 위시리스트 중 하나였던 '전철 타고 아무 곳이나 가서 즉흥 여행하기'. 하지만 미루고 미루다 보니 교토를 떠나는 날이 다가오고 있었다. 그럼에도 불구하고 오늘도 전철 여행을 해야겠다는 생각이 들지는 않았다. 그런데 이치조지에서 산책을 하다가 생각지 못하게 전철역 앞에 다다랐다. 그 이유만으로 무작정 전철에 올라탔다. 내가 탄 역이 이치조지라는 것 외에는 정해진 것도, 아는 것도 없었다. 이 전철이 어디까지, 얼마나 가는지도 알 수 없었다. '오늘은 즉흥 전철 여행을 해야지'라고 생각했던 것도 아니고, 큰 용기가 있거나 결심을 한 것도 아니었다. 그저 그 순간 내 마음이 전철에 올라타라고 외쳤을 뿐이다.

　　서양인 청년 두 명과 개구쟁이 중학생 남자아이들, 장바구니를 들고 있는 아주머니들, 그리고 목적지 없이 무작정 앉아 있는 나를 태우고 산속으로 열심히 달리는 전철. 올라가는 동안 말도 안 되게 멋진 산속 풍경들을 보며 감탄과 카메라 셔터 누르기를 멈출 수 없었다. 무작정 올라탄 전철이 이런 풍경을 선물해주다니. 이 순간을 믿을 수 없었다. 그러다가 안내 방송에서 들려오는 종점 구라마역. 어디서 많이 들어본 것 같았다. 생각해보니 원래부터 가고자 했던 온천이 있는 마을이었다. 그곳을 가기 위해 일부러 탄 열차였다면 이만큼의 감흥은 없었을 거다. 그래서 나는 이 갑작스러운 여행에 흥분을 감출 수 없었다.

숲속 터널을 지나는 열차 안에서 <센과 치히로의 행방불명> OST를 들을 때는 마치 마법의 숲으로 들어가는 듯해 가슴이 마구 뛰기도 했다.

종점에 도착했을 때, 깊은 산속에 덩그러니 놓인 느낌이라 겁이 나기도 했지만 설레고 흥분되는 마음이 더 컸다. 산속에서 맑은 공기도 잔뜩 마셨고, 얼떨결에 가고 싶던 구라마에 오게 되다니. 그렇게 나의 겁 없는 즉흥 전철 여행은, 교토를 떠나기 전에 너무도 큰 추억을 남겨 주었다. 다시 기온 거리로 돌아가는 열차를 타며 지는 노을을 바라볼 땐, 눈물이 나올 것만 같았다. 그렇게 교토는 내게 생각만 해도 아련해지는 도시가 되어 가고 있었다.

츠바메

츠바메는 교토를 올 때마다 들르지만 항상 또 오고 싶은 곳이다. 매일 '오늘의 정식' 메인 메뉴가 바뀌는데 매번 맛있었기 때문이다. 그래서 다음에 올 땐 또 어떤 요리를 먹을 수 있을까 상상하며 계속 찾게 되는 것 같다.

처음 이치조지를 오고 싶었던 이유도 츠바메 때문이었다. 교토에 세 번째쯤 왔을 때, 이치조지라는 동네를 알게 되었다. 이치조지는 한국인에게 아직까지 많이 알려지진 않았다. 교토에 오면 들를 만한 명소들과 멀리 떨어져 있기도 하고, 그저 좋은 카페나 음식점 몇 개만 있는 평범한 동네이기 때문이다. 그렇지만 난 그 이유 때문에 이치조지가 끌렸다. 그 첫 번째 끌림에는 츠바메가 있었다. 사진 한 장으로 봤던 츠바메의 모습에서 영화

<카모메 식당>의 모습을 봤기 때문이다.

나는 오기가미 나오코 감독의 영화를 무척 좋아하는데, 특히 <카모메 식당>을 좋아한다. 그래서 오니기리를 좋아하고, 시나몬 롤을 좋아하게 됐고, 핀란드에도 가고 싶어졌다. 영화 속 배경은 핀란드이지만, 언젠가 일본에 가면 '카모메 식당' 같은 곳을 만날 수 있을 거라는 생각을 해왔다. 일본 여행을 하면서 때때로 '카모메 식당'의 감성이 묻어나는 식당들을 만나곤 했는데 교토에서는 츠바메가 그런 느낌을 가진 곳이었다. 키친이 나온 사진 한 장만으로 가고 싶었고, 기대만큼 너무도 좋았다. 비록 영화 속 카모메 식당과는 인테리어도, 메뉴도, 모든 것이 달랐지만 그냥 <카모메 식당>이라는 영화를 봤을 때의 감정을 이곳에서도 느꼈다.

전체적으로 건강하고 깔끔한 음식 맛과 동네 사람들이 찾아오는 친근하고 따뜻한 카페. 그래서 이치조지에 오면 당연하다시피 이곳에서 점심을 먹는다. 앞으로도 그럴 것이다. 늘 이치조지에서 나의 첫 번째 발걸음은 츠바메로 향한다.

츠바메(つばめ, Tsubame)
주소_50 Ichijoji Haraitonocho, Sakyo-ku, Kyoto 휴무_월요일

4월 23일 아메리카노

햇빛 하나 없이 비가 내리기만 해도 그 나름대로 매력 있는 여행이라고 느껴진다. 옆에서 말동무가 되어주고 내 사진을 찍어줄 여행 파트너가 없어도 혼자라는 게 꽤 재밌어졌다. 그리고 이제 시럽 한 방울 넣지 않아도 아이스아메리카노가 쓰지 않다. 조금은 어른이 된 듯한 기분이었다.

모든 이가 날 좋아하지 않아도, 혹여나 내가 좋아하는 사람이 날 좋아하지 않아도 그런대로 그것을 받아들이는 게 꽤 담담해졌다. 달면 단 대로, 쓰면 쓴 대로 그게 삶인 것 같다. 어쩌면 어른이 되어가는 과정은 어린 시절 입에 달고 살던 달짝지근한 캔디나 아메리카노에 넣을 시럽이 없어도 괜찮아지는 것과 마찬가지일지도 모른다.

스위스 커피 앤 플랜트

아오오니기리 바로 옆에 자리하고 있는 아주 작은 카페 스위스 커피 앤 플랜트. 외관만 보면 카페임을 알려주는 요소나 간판조차 없어 무심코 지나치기 십상인 곳이다. 자세히 들여다보지 않으면 카페인 줄도 모를 정도로 말이다. 지난번 오니기리를 먹고 나와 우연히 들렀을 때 갑자기 몸이 좋지 않아 이곳에서의 시간을 온전히 즐기지 못했던 것이 억울하고 아쉬워서 떠나기 전 꼭 한 번 다시 오고 싶었다. 긴카쿠지 근처인 이 동네가 참 예뻐서 카페에 오는 김에 자전거를 타며 천천히 산책하고 싶기도 했다.

두 번째 방문 때도 카페 안은 고요했고 손님은 나뿐이었다. 들어가자마자 나를 기억하고 반겨주는 주인분을 보며 '다시 오기 잘했다'는 생각이 들었다. 메뉴판을 보며 고민하다가, 저번에 왔을 때 그녀가 주방에서 무언가를 계속 만들고 있던 모습이 떠올라서 오늘은 디저트를 주문하기로 했다. 바나나케이크를 주문하고 가게를 찬찬히 둘러보는데 작은 디테일까지 신경 쓴 인테리어에 또다시 감탄했다. 구석구석, 그녀의 섬세한 손길이 닿지 않은 곳이 없었다. 그녀의 인테리어 솜씨를 보며, 나도 집에 가서 따라 해봐야지 생각하고 노트에 이것저것 스케치를 했다.

드디어 주문한 디저트가 나왔다. 바나나가 콕콕 박혀 있는 케이크에 생크림을 곁들여주었다. 투박하지만 왠지 그녀다운 케이크는 참 사랑스럽게 느껴졌다. 볕이 잘 드는 창가 옆에 앉아 있으니 창을 통해 나뭇잎 그림자가 비치며 나의 커피 잔 속 얼음과 함께 반짝거렸다. 아무것도 하지 않아도 그 자체만으로 가치 있는 일이라는 기분이 들었다. 이 세상의 모든 나쁜 것들과는 단절된 것 같았다. 나는 최선을 다해 아무것도 하지 않으며 그 시간의 빛을 만끽했다. 배경 음악조차 나오지 않는 이 작은 공간 속에서 나는 나대로, 그녀는 그녀대로의 시간이 흘러갔다.

처음부터 끝까지 모든 말을 조곤조곤하게 하고, 상냥하고 따뜻한 미소를 가진 그녀는 이 작은 공간과 참 잘 어울리는 사람이었다. 어쩌면 간판을 크게 달아놓지 않은 모습도 그녀의 성격을 알 수 있는 부분이다. 그녀도 처음 이 공간을 만들 때 분명 꿈이 있었을 거고, 어떤 이야기가 있었을 것이다. 어떤 손님들이 찾을지 궁금했을 것이고, 손님들이 이 공간을 어떻게 생각할지도 궁금했을 것이다. 이 공간을 내 이야기에 소개하며 그녀에게 말하고 싶다. 이 작고 소박한 공간이 내게 좋은 영감을 주었고, 새로운 꿈을 키우게 해주었다는 것을.

스위스 커피 앤 플랜트(Swiss Coffee & Plants)
주소_39-3 Jodoji Shimominamidacho, Sakyo Ward, Kyoto 휴무_월요일, 화요일

4월 24일

시간을 달리는 소녀

일본은 유독 시간을 돌리거나 시간을 거스르는 소재의 영화가 많다. <시간을 달리는 소녀> <너와 100번째 사랑> <너의 이름은> 등. 지난날에 대한, 무언가에 대한 아쉬움과 후회 때문일까? 너무도 비현실적인데, 때로는 실제로 있을 것만 같다는 생각이 든다. 정말로 타임리프를 경험한 누군가의 이야기들이 영화의 소재가 된 게 아닐까. 지금 이 순간도 누군가 세상의 시간을 돌려놓은 건 아닐까. 일본 영화를 많이 보면서 이런 터무니없는 망상에 빠져버릴 때가 종종 있다.

그럼과 동시에 나에게도 이러한 비현실적인 일이 벌어졌으면 하고 바라보기도 한다. 자고 일어나면 내 팔에 타임리프 숫자가 새겨져 있진 않을까, 길을 걷다 넘어졌는데 갑자기 과거로 돌아가 버리진 않을까. 아마 지금 이 순간 시간을 돌릴 수 있다면 나는 교토에 왔던 첫날로 돌아가겠지. 교토에서의 나날이 얼마 남지 않아서인지 4월의 첫날로 돌아가고 싶다는 생각이 자꾸만, 자꾸만 드는 오늘이었다.

메멘토 모리

교토에 머문 지 어느덧 20일이 넘었다. 그러다 보니 걷기 좋은 곳이나 자전거를 타기 좋은 나만의 산책로들이 많이 생겼다. 가장 많이 갔던 가모가와를 비롯해서 카페 우메조노사보가 있는 동네, 고쇼미나미 초등학교 근처의 골목 등. 그중 자전거를 타고 산책할 때 가모가와 다음으로 좋아했던 곳이 헤이안 신궁 근처의 길들이었다. 넓게 쭉 뻗은 길들을 달리며 시원한 바람을 맞을 때면 영화 속 주인공이 된 것 같은 기분이 들었다.

헤이안 신궁은 숙소와는 거리가 꽤 있어 땀을 흘리며 가야 했지만 그곳에서 마주하는 풍경들은 충분히 그럴 가치가 있었다. 그렇게 헤이안 신궁 근처의 작은 물길을 따라 달리다 보면 카페 메멘토 모리를 마주하게 된다.

현지인들에게 인기가 많은 곳인지 올 때마다 늘 만석이다. 지난번에는 솔드아웃으로 인해 아쉽게 먹지 못했지만, 이날은 드디어 성공했다. 플레이트 하나에 여러 가지 반찬이 꽉꽉 담겨 나오는데 양이 꽤 많아 배부르게 먹을 수 있다. 건강한 반찬들로 꾸려진 맛있는 식사가 열심히 자전거를 타고 이곳까지 달려오느라 허기진 배를 달래주었다. 교토에는 어쩜 이렇게 맛있는 밥을 파는 카페가 많을까. 오늘도 교토에 사는 사람들이 부러워졌다.

메멘토 모리(メメントモリ, Memento Mori)
주소_84-1 Okazaki Nishitennocho Sakyo-ku, Kyoto 휴무_화요일

4월 25일

안녕, 교토! 안녕, 나라!

이제 이 무거운 캐리어를 옮기는 일도 막바지에 달했다. 땀을 뻘뻘 흘리며 캐리어를 끌고 나라로 향하는 전철에 올랐다. 전철 안에서 캐리어로 한 자리를 차지하고 있자니 여간 눈치 보이는 일이 아니었다. 구석에 자리를 잡고 앉아서 땀을 식히고 있는데 평소와 다르게 왠지 불길한 예감이 들었다. 이 열차가 아닌 것 같았다. 다행스럽게도(?) 내 촉이 맞았고, 오랜 시간 정차해 있는 덕에 열차에서 내릴 수 있었다. 그리고 친절한 역무원에게 물어 다른 곳으로 이동했다. 하마터면 반대로 가는 열차를 탈 뻔했으니, 정말 다행스러운 일이 아닐 수 없다. 열차를 바꿔 타고도 불안한 마음이 들어 우왕좌왕하고 있자, 칸을 가득 메우고 앉아 계시던 할머니, 할아버지들이 나를 신기하게 바라보시더니 몇몇 분들께서 도와주셨다.

나라로 가는 열차가 맞는지 묻자, 한 할아버지께서 주섬주섬 A4용지를 꺼내시고는 볼펜으로 무언가를 쓱쓱 적어주신다. 서툰 영어와 일본어를 섞어서 내리는 곳과 그곳에서 숙소까지 버스 타는 방법을 알려주셨다. 너무 감사한 마음에 그 종이를 고이 접어 가방에 넣어두었다. 이곳에 머무는 동안 누군가의 따뜻함이 없었다면 너무도 외롭고 고단했었을 것이다. 열차가 출발하고 나서야 땀을 식히고 의자에 기대어 창밖을 바라보았다. 변해가는 풍경은 여전히 아름다웠지만 오늘따라 슬픈 마음이 들었다. 나라에서의 일정이 일주일이나 남았음에도 불구하고 이제 한 달의 끝이 보인다는 게 너무도 섭섭했다. 원 없이 머물다 간다고 생각했는데, 왜 이렇게도 미련이 많이 남는 교토인 걸까 싶었다. 금방 또 교토를 찾아야겠다고 다짐하고 나라로 향하는 열차에 몸을 맡겼다. 그곳에서의 나날도 부디 잔잔하게 행복했으면 좋겠다고 생각하며.

교토에서 여러 숙소에 묵어봤지만 단연 가장 추천하고 싶은 숙소는 게스트하우스 지유진이다. 나처럼 홀로 오는 여행객에게도 좋고, 둘 이상이 머무르기에도 좋다. 가족이 운영하는 지유진 게스트하우스는 일본식 나무 집을 개조하여 만들었기 때문에 일반 침대가 있는 룸뿐만 아니라 다다미방도 있다. 덕분에 일반 게스트하우스나 호텔처럼 여행객을 위한 숙소라기보다는, 현지인 집에 살아보는 느낌으로 지낼 수 있다. 매일 아침 가족이 다 함께 청소를 하기 때문에 시설 또한 새것처럼 굉장히 깨끗하다. 요리를 해 먹을 수 있는 공간도 좋았고, 게스트하우스 자체가 크지 않기 때문에 사람이 붐비지 않아 조용히 머물 수 있는 것도 좋았다. 아, 500엔으로 자전거를 대여할 수 있는 게 가장 좋았고 말이다.

숙소를 떠나기 하루 전날, 가장 친해졌던 스태프 중 한 명이 나에게 좋아하는 색을 물었다. 그리고 떠나는 당일, 서툰 한국어가 적힌 쪽지와 함께 분홍색 학종이를 건네주었다. 내내 베풀어준 따뜻한 마음에 너무나도 고맙다고 인사를 하고 다시 또 오겠다는 약속과 함께 숙소를 떠났다.

지유진에서 머무는 동안 이른 아침 발코니로 나가서 새가 지저귀는 소리와 함께 하루를 시작하는 일을 좋아했다. 커다란 식탁에 앉아 빵과 차 한잔으로 간단한 아침을 먹는 일도 좋아했다. 생각이 많은 날은 발코니 의자에 앉아 찬바람을 맞으며 멍하니 하늘을 바라보는 일도 좋아했다. 매일 집을 나설 때면 "잇테랏샤이(다녀오세요)."라고 하는 스태프의 인사에 "잇테키마스(다녀오겠습니다)."라고 대답하며, 마치 학교 갈 때 엄마에게 다녀오겠다고 인사하듯, 그런 소소하지만 친근한 대화가 오고 가는 것도 좋았다. 오랜 시간 혼자 하는 여행이었지만 다정한 마음들 덕분에 외롭지 않았다. 앞으로 교토를 생각하면, 이 숙소에서의 추억 또한 떠올릴 것이다.

스파크

보통 나라에 들르는 사람들은 사슴공원을 보고 다른 도시로 이동하기 때문에 나라는 교토보다 비교적 인적이 드물다. 나라에 도착해 늦은 점심을 먹고 나니 5시가 훌쩍 넘은 시간이어서 산조도리의 상점가들은 하나둘 문을 닫고 있었다. 오늘은 대충 둘러보고 집에 들어가려던 찰나, 저 멀리 작은 빈티지 숍이 보였다. 호기심 가득 안고 안으로 들어가니 아주 작고 귀여운 소품들과 옷들이 가게를 꽉 채우고 있었다. 나는 뜻밖의 발견에 신이 났다. 내 위시리스트 중 아직 이루지 못한 것 하나가 '빈티지 숍에서 예쁜 원피스 사서 하루 종일 입고 다니기'였기 때문이다. 그중 꽃 자수가 새겨진 예쁜 블라우스와 약간은 촌스러운 꽃무늬의 롱스커트가 눈에 들어왔다. 거울 앞에서 옷을 대보며 고민하고 있는데, 가게 주인으로 보이는 남자분이 그 옷들은 태국 브랜드의 빈티지라고 설명해주었다. 나는 그 옷들을 구매하기로 했다. 그는 스커트와 블라우스가 아주 잘 어울릴 거라고 말해주며 내 카메라를 칭찬해주기도 했다. 그에게 감사 인사와 함께 조만간 이 옷을 입고 이곳에 다시 오겠다고 말한 뒤 가게를 나섰다.

아오이 유우의 모리걸(숲속의 소녀) 분위기에 빠져서 모리걸 스타일의 옷을 입고 일본을 여행하는 게 꿈이었는데, 여행 끝자락에 이렇게 예쁜 옷을 손에 넣게 되었다. 이 옷을 입고 여행할 생각에 벌써부터 두근거렸다.

스파크(Spark)
주소_19 Mochiidonocho, Nara 휴무_없음

4월 26일

아이오쿠리

일본에서 어떤 노래를 가장 많이 들었냐고 물어보면, 영화 <너와 100번째 사랑>의 OST인 아이오쿠리(アイオクリ)를 가장 많이 들었다고 자신 있게 말할 수 있다. 하루에도 몇 번이고 이 노래를 들었고, 자전거를 타는 날이면 아무 생각 없이 이 노래만 반복 재생해두어 몇 시간 내내 듣기도 했다. 특히나 이 노래를 들으며 해 질 녘 즈음에 동네를 산책하는 걸 좋아했는데, 그때마다 왈칵 눈물이 날 뻔했다. 이렇다 할 슬픈 이유가 있어서도 아니고, 그냥 그 시간 즈음에 이 노래를 들으면 매번 마음 한구석이 찡하면서 눈물이 고였다. 그래서 다시 한국에 돌아갔을 때, 언제든 이 노래를 듣게 될 때마다 교토와 나라에서 느꼈던 감정을 생생하게 떠올릴 수 있었다. 수십 번, 수백 번 들었던 멜로디와 가사에는 나의 4월의 추억과 감정이 함께 담겨 있다. 그렇게 이 노래는 내 여행의 시작과 끝을 모두 함께했다.

호세키바코

얼마 전에 본 영화 <바다의 뚜껑> 때문이었을까. 무더운 여름도, 해가 쨍쨍한 날도 아니었지만 자꾸만 발걸음이 빙수 가게로 향했다. 작은 골목에 숨겨져 있는 빙수집을 찾아 열심히 걸어온 나는 얼른 입안 가득 시원한 빙수를 넣고 싶다는 생각뿐이었다. 창가 자리에 자리를 잡자 메뉴판을 가져다주셨는데, 손으로 그린 서툴고 투박한 빙수 그림이 참 귀여웠다. 상냥한 직원분들도, 아주 작은 공간이지만 활기찬 기운이 도는 이 공간도 왠지 마음에 쏙 들었다. 특히 이곳에서 먹었던 빙수는 절대 잊을 수 없는 맛이다. 발효시킨 쌀의 시럽을 얹어서 먹는 이 집만의 빙수가 너무 맛있어서 몇 번이고 찾고 싶어졌다. 나라에 있는 동안 자주자주 와야겠다고 생각했다. 화려하고 다양한 토핑이 올라간 빙수는 아니지만 그 단순함만으로 사람을 매료시키는 빙수였다. 아마 영화 <바다의 뚜껑>의 마리가 고집했던 빙수도 이런 빙수는 아니었을까 상상해보기도 했다.

날이 더워지면서 점점 더 빙수를 찾게 된다. 몇 년 전, 좋아하는 배우 아오이 유우의 사진집 시리즈 중 하나인 『오늘도 빙수』를 보고 일본에서 빙수 투어를 하고 싶었던 적이 있다. 무더운 여름날의 일본은 견딜 자신이 없지만 언젠가는 여름날에 다시 와서 아오이 유우가 좋아하는 빙수들을 따라서 먹어보고 싶다.

호세키바코(ほうせき箱)
주소_12, Mochiidonocho, Nara 휴무_목요일

4월 27일 | 영화와 닮은 공간

미나모

나라의 카페들은 대부분 집과 집 사이, '이런 곳에 있을까?' 싶은 생각이 들 정도로 한적한 곳에 위치해 있다. 주택가 사이를 달려 도착한 카페 미나모. 탁 트인 외관부터가 맘에 들었다. 가게에 들어가서 키친 앞에 자리를 잡고 앉았다. 쇼가야키가 메인 요리라는 오늘의 정식을 주문하고 창밖을 바라보았다. 카페 앞에 서 있는 커다란 나무의 나뭇잎이 바람에 흔들리고 있었다. 마음이 편안해졌다. 좋은 카페를 갈 때마다 그 앞에는 초록색의 식물이 함께한다. 바람에 흔들리는 나뭇잎, 그리고 창문을 통해 드리워진 나뭇잎의 그림자를 보고 있자면 숲속에 있는 기분이 든다.

그렇게 한참을 바라보다가 달그락거리는 키친에 시선을 돌렸다. 어딘가 <카모메 식당> 속 사치에의 키친과 많이 닮았다. 교토의 '카모메 식당'이 츠바메라면, 나라의 '카모메 식당'은 미나모인 것 같다. 카페 주인으로 보이는 분은 정성껏 요리를 하고 있었고 직원으로 보이는 분은 보조를 하고 있었는데, 그 모습 또한 사치에와 미도리를 보는 듯했다. 처음 왔지만 정감 가는, 따뜻한 식당이었다.

미나모(Minamo)

주소_28 Higashijodocho, Nara 휴무_화요일

요시노야

점심을 먹은 뒤 자전거를 타고 낯선 동네를 산책하기로 했다. 미나모에서 100미터도 가지 않아 신호를 기다리는데 작은 가게의 창문에 붙은 빙수 그림과 투박한 자전거가 시선을 끌었다. '너무 귀엽다. 뭐 하는 곳일까?'라고 생각하며 가게를 둘러보니 잘은 모르겠지만 카페인 것 같았다. 왠지 여기는 꼭 가야겠다는 생각이 들어서 자전거를 세워두고 안으로 들어왔다.

영어 메뉴판이 없어서 주인아주머니에게 추천받은 이곳의 베스트 메뉴를 주문했다. 그녀는 작은 주방으로 들어가 냄비에 천천히 팥을 조렸다. 몸만 돌리면 혼자서 모든 일을 해결할 수 있을 만큼 작은 주방인데, 선반이나 구석 곳곳에 놓인 식기와 도구들이 참 깔끔하고 아기자기해 알찬 공간이었다.

영화 <안경>에서 사쿠라가 빙수에 곁들일 팥을 조리던 모습이 떠올랐다. "조급해하지 않는 것"이라는 사쿠라의 대사도 함께 떠올랐다. 그렇게 천천히 시간이 흐르고 드디어 디저트를 내어주셨다. 조린 팥 위에 찹쌀경단과 바닐라아이스크림이 올라가 있었다. 팥 한 알 한 알이 부스러지지 않고 그 형태를 잘 유지하고 있는 것을 보니 그녀가 얼마나 정성스레 이 팥을 씻고, 삶고, 조렸는지가 느껴져서 마음이 따뜻해졌다.

단팥을 만들 때 나는 항상 팥의 이야기에 귀를 기울입니다. 단팥을 만들 때 팥이 봐왔을 비 오는 날과 맑은 날들을 상상해봐요. 어떠한 바람들 속에서 팥이 여기까지 왔는지 팥의 긴 여행 이야기를 듣는 일이랍니다. 이 세상의 모든 것은 언어를 가졌다고 믿어요.

_영화 <앙 : 단팥 인생 이야기> 중에서

요시노야(よしの舍)

주소_14-1 Higashijodocho, Nara 휴무_화요일

4월 28일 | 일일 오사카 여행

오래간만에 평소보다 일찍 눈을 떠서 부지런히 움직였다. 한 달이라는 시간 중 오사카를 가지 않으면 섭섭할 것 같아서 시간을 내어 오사카 시내 쪽 동네를 가보기로 했다. 무더운 여름 날씨 같은 햇볕 아래에서 걷고 또 걷다가 까눌레 드 자퐁에 도착했다. 귀여운 주인 언니가 반겨주셨고, 안으로 들어가자 생각보다 훨씬 좁은 내부에 깜짝 놀랐다. 계산하는 카운터 자리를 빼면 두 명 남짓 들어갈 수 있는 크기였다. 앉을 곳도 없는데 까눌레만으로 유명해진 이곳이 새삼 대단하게 느껴졌다. 앙증맞은 까눌레 6구를 포장해서 가라호리 지구로 향했다. 첫 오사카 여행에 홀로 와서 시간을 보냈던, 추억이 많은 가라호리 지구. 열심히 자전거를 타며 <시간을 달리는 소녀> OST를 듣기도 하고, 다리 위에서 타코야키를 오물거리며 반짝이는 불빛들로 가득한 도로 위를 바라보기도 했다.

2년이란 시간이 흘렀지만 이곳에서 만들었던 추억이 새록새록 떠오르고, 발걸음 또한 편안하다. 길모퉁이에 있는 조그만 타르트 가게, 시선을 사로잡는 민트색의 건물, 자전거를 대여했던 대여소와 주인 할아버지, 그 옆에 있는 작은 타코야키 가게와 내게 친절을 베풀어주셨던 주인아저씨. 참 고맙게도 모든 게 다 그대로다. 이곳을 다시 찾은 나는 옷차림도, 머리 길이도, 마음도, 모두 많이 달라졌지만 이곳만은 그대로였다. 내가 다시 찾을 때까지 변하지 않고 있어줌에 고마운 마음이 들었다. 또다시 찾았을 때

도 그대로였으면 좋겠다고 생각했다. 늘 그리움 가득한 이곳에서의 추억을 회상하고, 그 추억으로 행복해지고, 그 행복함으로 힘을 내고, 언젠가 다시 또 찾아가고, 오래오래 그럴 수 있으면 좋겠다.

까눌레 드 자퐁

인터넷에 검색하면 난바역 근처로 소개돼 있기도 하지만 이곳은 사쿠라가와역에서 내리는 것이 더 가깝다. 외관만 봤을 때는 조용한 주택가 사이에 있을 듯한데 도로변을 따라 걷다 보면 뜬금없이 아담하고 귀여운 까눌레 가게가 등장한다.

이곳은 오직 까눌레만 판매한다. 들어가자마자 볼 수 있는 원목 쇼케이스에는 아주 작은 미니 까눌레가 종류별로 진열되어 있다. 마음에 드는 까눌레를 고르면 옆에 있는 오래된 원목 서랍에서 조심스레 꺼내어 작은 상자에 포장해주는데, 까눌레가 정말 작아서 이걸 어떻게 먹나 싶은 생각이 든다. 물론 맛있게 먹었지만 말이다.

까눌레는 구매하고 시간이 오래 지나면 눅눅해지기 때문에 가급적 빨리 먹어야 그 식감을 더욱 잘 느낄 수 있다.

까눌레 드 자퐁(Canele du Japon)
주소_1-6-24 Sakuragawa, Naniwa-ku, Osaka 휴무_수요일

4월 29일 | 사루사와 연못가에서

교토에 있을 때는 가모가와에 앉아서 사색하는 시간을 자주 가졌다면, 나라에 있을 때는 사루사와 연못가에 앉아 시간을 자주 보냈다. 물이 맑지는 않았지만 초록색 빛을 띠며 신비롭고 오묘한 분위기를 풍겼고, 그곳에 있으면 왠지 생각이 많아졌다. 연못가 근처 벤치에는 산책 나온 할아버지나 할머님들이 많았는데 다들 홀로 앉아 가만히 생각에 잠긴 모습이 꽤나 외로워 보였다. 풀밭에 털썩 주저앉아 생각에 잠겨 있는 내 모습도 마찬가지지만 말이다. 그래서일까, 나는 이곳에서 쓸쓸하다는 기분을 많이 느끼곤 했다. 그 기분이 나쁘지는 않았지만, 늘 슬퍼지곤 했다.

사실 교토에 있다가 나라로 왔을 때는, 교토와는 다르게 어둡고 조용한 분위기가 낯설게 느껴졌다. 나라에도 며칠 머물자고 결정한 이유는 몇 년 전 처음 이곳에 왔을 때 받았던 밝은 기운 때문이었는데, 이번에는 그때만큼의 기운을 느끼지 못했다. 비록 일주일 정도 머물렀지만 며칠간은 숙소 근처의 동네에 적응이 되지 않아서 교토에서만큼 열심히 돌아다니지도 않았다. 교토에 비하면 매력이 떨어지는 도시라고 생각도 했고, 괜히 일주일을 잡았나 싶어서 일주일이라는 시간이 길게 느껴졌다.

하지만 떠날 때가 돼서야 나라라는 도시의 분위기를 조금 알 것 같았다. 누군가는 나라를 사슴공원이 아니면 볼 게 없는 곳이라고 표현한다. 나 또한 그랬고. 하지만 그 도시를 제대로 알기 위해서는 최소한 일주일은 머물러야 하나 보다. 내가 깨닫고 느낀 이 감정이 무엇인지 아직도 문장으로 표현하기는 어렵다. 무슨 단어들로 표현해야 할지 잘 모르겠다. 하지만 나는 이제 나라를 그저 사슴을 보는 동네라고만 표현하지는 않는다. 앞으로 내 주위의 누군가가 나라를 간다고 하면, 사슴공원이 아닌 곳들을 자신 있게 소개해줄 수도 있다.

이렇게 설렘이 희미해지고, 아쉬움이 뚜렷해질 때 비로소 여행의 끝을 실감했다.

니코스타일

나라에 오고 싶었던 이유 중 하나가 이 카페 때문이기도 했다. 좁은 골목길 안에 자리한 이곳은 로컬 음식을 팔기도 하고, 디저트에 귀여운 사슴을 그려서 내준다. 카페 분위기가 아주 멋지거나 음식이 특별한 것도 아니었지만 왠지 나라에 가면 이곳은 꼭 가보고 싶다는 생각이 들었다. '니코스타일'이라는 귀여운 이름부터가 끌렸던 것 같다.

늦은 점심시간이 지나서야 카페를 찾았다. 안으로 들어서자 아들로 보이는 청년과 주방에는 나이가 지긋한 할머님이 나와 반겨주셨다. 가게는 내가 생각했던 것과 분위기가 전혀 달랐다. 카페라기보다는, 동네의 작은 음식점 같았다. 가게는 꽤 오래된 곳인 듯 세월의 흔적이 느껴졌다. 창가 쪽에 자리를 잡고 앉자 메뉴를 건네주시며, 오늘은 식사가 안 되고 디저트 메뉴만 가능하다고 하신다. 이곳의 오반자이를 먹지 못하는 것은 아쉬웠지만 아쉬운 대로 홈메이드 시폰케이크와 말차라테를 주문했다. 라테 위에 그려진 사슴과 시폰케이크 옆에 슈거파우더로 모양을 낸 사슴을 보자 "풉!" 하고 어이없는 웃음이 새어 나왔다. 나라가 사슴공원밖에 볼 게 없는 곳은 아니지만 사슴을 지겹도록 보고 갈 수 있는 도시는 맞긴 한 것 같다.

니코스타일(にこすたいる)

주소_13-1, Takamikadocho, Nara 휴무_월요일

하루하루 교토
꽃길 에디션 ✱

초판 1쇄   2019년 3월 22일

지은이   주아현
발행인   유철상
기획   조윤선
편집   이정은, 이유나, 김유진, 남영란
디자인   주인지, 조정은, 조연경, 이혜수
마케팅   조종삼, 최민아

펴낸곳   상상출판
출판등록 2009년 9월 22일(제305-2010-02호)
주소   서울시 동대문구 정릉천동로 58, 103동 206호(용두동, 롯데캐슬피렌체)
전화   02-963-9891
팩스   02-963-9892
전자우편 cs@esangsang.co.kr
홈페이지 www.esangsang.co.kr
블로그   blog.naver.com/sangsang_pub
인쇄   다라니

ISBN 979-11-89856-06-9(13980)
ⓒ2019 주아현

※ 가격은 뒤표지에 있습니다.
※ 이 책은 상상출판이 저작권자와의 계약에 따라 발행한 것이므로
   본사의 서면 허락 없이는 어떠한 형태나 수단으로도 이용하지 못합니다.
※ 잘못된 책은 구입하신 곳에서 바꿔 드립니다.
※ 이 도서의 국립중앙도서관 출판예정도서목록(CIP)은 서지정보유통지원시스템 홈페이지
   (http://seoji.nl.go.kr)와 국가자료공동목록시스템(http://www.nl.go.kr/kolisnet)에서
   이용하실 수 있습니다. (CIP제어번호 : CIP2019008416)

Hisaishi Joe - 어느 여름날

Isao Sasaki - Sky Walker

<시간을 달리는 소녀> OST - 変わらないもの : 변하지 않는 것

<너와 100번째 사랑> OST - アイオクリ : 아이오쿠리

<초속5센티미터> OST - One More Time, One More Chance

바이준 - 당신의 사랑이 늘 행복하기를

장윤주 - 오늘, 고마운 하루

루싸이트 토끼 - 봄봄봄

제이레빗 - Round & Round

한희정 - 우리 처음 만난 날

모리 - 언제나 맑음

구혜선 - 골목을 돌면

로코베리 - 계절 끝

뮤
직
리
스
트

골목골목을 산책하거나

가모가와를 따라 자전거를 타거나

카페에 앉아 글을 쓰고, 책을 읽을 때

고요했던 교토에 한 스푼 곁들이기 좋았던 음악들.

Paniyolo - 앨범 <ひとてま(Hitotema)>

Gontiti - 앨범 <Gontiti Super Best 2001-2006>

박지윤 - 앨범 <꽃, 다시 첫 번째> <나무가 되는 꿈>

Keico Yoshida - Felicddade Foi Se Embora : 행복

Matsui Yuki - サクラノキセキ : 벚꽃의 기적

Hisaishi Joe - 언제나 몇 번이라도

이 책이, 어느 날 문득 교토로 떠날 당신에게 작은 행복이자 여행 친구가 되길 바라며.

을 통해 배운 것들로 인해서 너무도 당연하게 느껴져 무뎌진 내 주위의 것들을 바라볼 줄 아는 눈도 생겼다.

잘하는 일도, 좋아하는 일도, 아무것도 없던 어린 날의 내게 꿈을 만들어주고, 지금은 그 꿈을 더욱 구체화할 수 있게 도와준 여행. 그런 여행에게 나는 오늘도 고맙다.

여행이 끝나면 교토가 지겨워져서 당분간 찾을 일이 없지 않을까 싶었지만 나는 떠남과 동시에 다시 교토를 찾을 계획을 세우고 있다. 교토에서 가볼 만한 곳은 다 가봤다고 생각했는데, 여행 끝 무렵에 돌아보니 여전히 가보지 못한 곳과 다시 가고 싶은 곳이 가득하다. 내겐 한 달도 부족했나 보다. 이쯤 되면, 정말로 교토 중독이지 않을까. 하지만 교토를 와본 사람들이라면 내 마음을 이해할 수밖에 없을 것이다. 사랑하지 않을 수 없는 교토, 사랑할 이유가 충분한 교토. 다시 돌아오지 않을 2017년 4월의 나에게 너무도 따뜻하고 소중한 기억을 안겨준 그곳. 분홍빛으로 물든 4월에 시작했는데 푸른 녹음이 가득한 5월이 되어 이 여행의 마침표가 찍혔다. 혼자 외로워 울기도 하고, 행복에 겨워 웃기도 하고, 당황스러운 상황들을 마주하며 성장해 가기도 했던 사랑하는 나의 도시. 안녕, 나의 교토.

돌아오면 바로 다음 여행을 위해 계획을 세우고 항공권을 예약한다. 주위에서는 이제 놀랍지도 않다는 듯이 "이번엔 또 어디 가게?"라고 물을 정도로 말이다.

　처음엔 여행을 가면 무조건 삶의 깨달음을 얻거나, 무언가 대단한 걸 배워오는 줄 알았다. 하지만 막상 여행 내내 꽉꽉 채워진 일정으로 정신없이 다니다 보면 생각할 시간이 많지는 않았다. 하루를 보내고 숙소로 돌아왔을 때도 지쳐서 잠이 들 뿐이었다. 그렇게 일상으로 돌아와 어느 날 갑자기 그곳에서의 추억이 스쳐 지나갈 때, 미치도록 그 순간이 그리울 때가 있다. 그곳에서 만난 사람들, 먹었던 음식들, 걸었던 길들. 하나하나의 그리움이 모여 나를 강하게 잡아당겼고, 나는 그 순간 다음 여행을 떠날 채비를 했다. 처음 간 여행에서 보이지 않았던 것들이 두 번째 여행에서는 더 많이 보였다. 그렇게 여행의 매력에 빠져들었고, 여행 중독에 걸렸다고 할 만큼 시간이나 돈이 생기면 여행에 쏟아부었다.

　여행 갈 날만을 기다리며 바쁘게 살아가는 그 시간이 좋았고, 여행을 다니면서 넓어진 시야로 막연한 꿈이 구체화되고, 하고 싶은 일들이 늘어가는 것도 좋았다. 나도 모르는 내 모습이나 새로운 취향을 발견하기도 하고, 여행을 함께한 사람들과의 관계가 더욱더 깊어지기도 했다. 또한 여행

삶에서 처음으로 한 달간 온전히 나만의 시간을 가질 수 있었던 여행. 부모님의 품을 벗어나, 학교라는 소속을 벗어나, 산더미 같은 해야 할 일들에서 벗어나, 무언가를 해야 한다는 압박감 없이 보낼 수 있는 이 기회가 내 삶에 또 찾아올 수 있을까? 앞으로의 나는 물론, 모든 사람들에게 있어서 한 달이라는 공백을 갖는다는 건 참 어려운 일일 것이다. 하지만 꼭 하나 말해주고 싶다. 많은 것을 과감하게 포기하고 투자해서 온 한 달간의 살아보기는 가치를 따질 수 없을 만큼의 큰 보물이 되었다고. 시기가 적당하고 늦은 건 없다. 그저 나에게 온전한 쉼이 필요하다고 느껴지고 어떠한 도시가 미치도록 사랑스럽다면 지금 당장 그곳에서 살아볼 계획을 세워보길 바란다.

어릴 적부터 나는 좋은 교복 브랜드의 교복을 고집하지 않았고, 비싸고 이름 있는 패딩을 원하지도 않았으며, 엄마를 따라가 샀던 신발 하나로 신발이 닳고 떨어질 때까지 신었다. 그런 내가 지금 유일하게 사치를 부리는 게 있다면 그건 바로 여행이다. 물론 지친 삶에, 청춘에, 일상 도피에, 휴식에 여행만이 답은 아니다. 하지만 나에게 있어서 여행은 어린 시절부터의 꿈 같은 일이자, 현재의 꿈, 미래의 꿈이기도 하다. 아직은 내게 여행보다 더 행복한 일이 없다. 또한 사람마다 소비하고자 하는 것의 가치 기준이 다른데 나에게는 여행보다 더 가치 있는 소비도 없다. 여행이 끝나고

제 그 여행의 끝에 서 있다. 사실 매일이 즐거웠다고 하면 그건 거짓말이다. 이곳에서의 시간은 때로는 기대만큼 좋기도 했고 기대보다 따분하기도 했다. 하지만 한 달이 다 지난 지금, 4월의 교토는 어땠냐고 물으면 그저 눈물 나게 행복했다고 자신 있게 말할 수 있다.

남들은 지루한 여행이라고 할 수도 있겠다. 한국에도 넘쳐나는 카페를 일본까지 가서 다닐 필요가 있을까 싶기도 할 테고, 하루하루 시간이 금인 여행에서 매일같이 늦잠을 잤으니 말이다. 여행의 중간중간 생각은 참 많았다. '나 지금 잘하고 있는 걸까?' '오래도록 계획해온 여행인데 가치 있게 보내고 있는 게 맞을까?' 하루에도 수십 번 생각했다.

하지만 옳은 여행, 가치 있는 여행에 답이 있을까? 계획했던 일들이 현실이 되었고, 나는 한 달간 이곳에 있었으며, 내가 세워 둔 위시리스트 중 대부분을 이루었고, 사진만 보며 가고 싶어 했던 곳에 몇 번이나 또 갈 수 있었다. 좋은 순간들을 마주하며 영감을 받기도 했고, 맛있는 음식을 먹으며 짜릿한 행복을 느끼기도 했다.

그거면 충분하지 않을까? 멋진 여행의, 옳은 여행의 기준과 답은 없다. 그저 내가 행복했으면 됐고, 생각했던 일을 현실로 이루었으면 된 거다.

교토에 한 달간 살아보고자 했던 이유는 이 도시를 처음 마주했을 때 느꼈던 감정 때문이었다. 처음 오사카 여행을 계획할 때 교토는 그저 신사가 많은 관광지 느낌이라 내 마음속에서 가고 싶은 장소의 순위에도 오르지 못했다. 서점에서 찾아본 책들에는 하나같이 교토의 신사들만 소개하고 있었다. '나는 이런 관광지 말고 일상적인 여행이 하고 싶어'라고 생각을 했기 때문에 책에 실린 내용들이 하나도 눈에 들어오지 않았다.

하지만 아무 기대도 없던 교토에 도착해서 버스를 타고 기요미즈데라로 향하는 동안, 스쳐 지나가며 보았던 이 동네의 풍경 때문에 나는 꼭 다시 교토를 오리라 다짐했다. 상상 속 고즈넉한 일본의 풍경이 그대로 펼쳐진 순간, 내가 자주 찾아보던 사진이나 오래도록 봐온 만화 속에 들어온 것 같았기 때문이다. 교토는 예스러운 분위기와 현대의 모습이 조화롭게 공존하며 가장 '일본스러운' 분위기를 담고 있는 도시였다. 또한 해 질 녘에 가와라마치 거리를 걸으며 바라보았던 가모가와의 모습은 이곳에 살아봐야겠다는 생각에 확신을 불어넣어 주었다. 가모가와의 낮과 밤, 여름과 겨울, 모든 순간을 눈에 담아보고 싶다는 생각이 들었다. 그렇게 교토에서의 첫 하루를 보내는 동안 이곳에 살아보고 싶다는 생각이 끊이질 않았다.

막연히 생각만 하던 교토에서 살아보기가 어느덧 현실이 되었고, 이

4월 30일 | 한 달쯤 살아보는 여행, 그 끝